セックスと障害者

坂爪真吾
SAKATSUME, Shingo

イースト新書
066

プロローグ

ある男性のデリケートな悩み

最近、孝典さん（仮名・三〇歳）にはある悩みがあります。それは、約三年間付き合っている彼女に関することです。

孝典さんと彼女は、職場の旅行サークルで知り合いました。孝典さんが旅行計画の責任者を担当した時に彼女が手伝ってくれたことがきっかけで、二人は出会いました。告白したのは孝典さんの方から。一年がかりで勇気を出して準備したそうです。

大好きな彼女との交際が始まり、孝典さんは幸せでいっぱいでした。しかし時間が経つにつれて、二人の間に価値観のすれ違いが出てくるようになりました。それも、セックスというデリケートな領域で。

彼女は、性的なこと自体があまり好きではない性格。セックスにもそれほど積極的ではありませんでした。そのため、孝典さんに対して「うまくその気にさせてほしい」と考えていたのですが、孝典さんはそれに応えることができませんでした。

孝典さん自身は、彼女のことが好きで性的な欲求もあるため、定期的にセックスがしたいと考えていました。しかしそのことを彼女に伝えると「私のことを性の対象としてしか見ていないのか」と嫌な顔をされてしまいます。彼女をその気にさせるのは大変だし、かといって性的な欲求を我慢し続けることもできない。

孝典さんは、恋愛やセックスに関する問題は「彼女ができたら全て解決するはずだ」と思っていました。しかし現実は彼女ができても、彼女がいなかった頃と同様に性的にモヤモヤする毎日。こんなはずではなかった。周りには相談できる相手もいません。このままずっと我慢し続けるしかないのでしょうか。

さて、この孝典さんの話を読んで、あなたはどう思われたでしょうか。「自分たち夫婦も、今まさにそうなんだよなぁ……」と共感した人もいるでしょう。「彼女がいるだけで幸せじゃないか。うらやましい！」と妬ましく思った人もいるかもしれません。

夫婦の約四割がセックスレスといわれている現在、こうした話自体は、誰にでも起こり得る、ごくありふれた出来事に過ぎません。

ただこの話には一点だけ、多くの読者の皆さんの日常とは異なる点があります。それは、孝典さんが電動車いすと人工呼吸器を用いて日常生活を送っている重度の身体障がい者だということです。筋ジストロフィーという病気の孝典さんは、小学校六年生から車いす生活を送っています。自分の意思で手足を自由に動かすことはほとんどできず、スマートフォンを操作するためにも、介助者の力を借りて事前に手と指先を所定の位置に動かしてもらう必要があります。

障がいのある人は、「そもそも性的欲求が無い」「純粋な天使」「永遠の子ども」というイメージで語られることがあります。一方で、「障がいのために恋愛もセックスもできない、かわいそうな性的弱者」というイメージで語られることもあります。

確かにそういった人たちがいるのも事実ですが、障がいのある人すべてが「純粋な天使」というわけではありません。「かわいそうな性的弱者」というわけでもありません。孝典さんをはじめ、障がいのある人も障がいの無い人と同じように、毎日の生活の中で恋愛やセックス、結婚や出産、育児の問題にぶつかり、時には笑いながら、時には悩みながら、それぞれの現実に向き合っています。

本書は障がいのある人たちの性の世界を描いた本です。私は二〇〇八年に障がいのある人の性に関する課題の解決を目指す非営利組織・ホワイトハンズを立ち上げて以来、北海道から九州まで、全国各地で障がいのある人たちの性の支援に携わってきました。

自力での射精行為が困難な重度身体障がいのある男性への射精介助の提供、性的支援の現場データをまとめた「障がい者の性」白書や各種ガイドライン、「生と性のバリアフリー手帳」の作成、それらを用いた家族や支援者向けの「障がい者の性」基礎研修や検定の実施、大学や社会福祉協議会での講演、厚生労働省への政策提言、バリアフリーのヌードデッサン会の主催、国内外のメディアの取材対応・情報発信などの活動を通して、支援団体としての立場から、障がいのある人たちの性の世界に向き合ってきました。

こうした活動の中で得られた様々な体験談やデータを交えながら、本書では「純粋な天使」や「かわいそうな性的弱者」という画一的なイメージを取り払った上で、障がいのある人たちの性をめぐる現状を八つのエピソードを通して紹介していきます。

障がいのある人たちは、どのように自分や他人の性と向き合っているのでしょうか。毎日の暮らしの中で、どのような性生活を送っており、どのような喜びや悩みを感じているのでしょうか。そして、それらの喜びや悩みは障がいの無い人たちと同じものなのでしょうか。それとも違うものなのでしょうか。

実は、障がいのある人たちの性を取り巻く現実から、障がいの無い人たちの性の問題、ひいては私たちの社会が抱えている性の問題が見えてきます。その意味で、障がいのある人たちの性の問題は、当事者だけの問題ではありません。多くの人にとって、遠い世界の「他人事」ではなく、ごく身近な「自分事」でもあるのです。

そういった堅苦しい話を抜きにしても、障がいの有無にかかわらず、多くの人にとって性は一生を通して一番の関心事ではないでしょうか。初恋のときめきや初体験の緊張感、出産や育児で得られる感動や学びに、障がいの有無による違いはありません。

障がいのある人も無い人も、身近に障がいのある家族や友人がいる人もいない人も、「ええっ、そうなの！」と驚きながら、そして時には「うんうん、そうだよね」とうなずきながら、最後までお読み頂ければ幸いです。

これから紹介する八つのエピソードを通して、障がいのある人の性の世界が、あなたにとって少しでも身近なものに感じられることを願っています。

＊「障害者」と「障がい者」の表記に関して：一般読者向けの新書であることを考慮して、タイトルなどカバーでは「障害者」を、本文中では福祉や行政の現場で使われている「障がい者」を使用しています。

セックスと障害者　目次

エピソード2　メディアと障がい者の性

エピソード3
障がい者の結婚推進事業「ぶ〜け」の挑戦

エピソード4

きょうだい・子どもの立場から見る障がい者の性

エピソード5 障がい児の性教育

エピソード7

障がいとＬＧＢＴ（ダブルマイノリティ）

エピソード8 性産業で働く女性障がい者

エピローグ　生と性のバリアフリーを目指して

エピソード1

射精介助の現場から

日本の人口のうち、障がいのある人の割合は？

これからあなたを知られざる障がい者の性の世界を巡る旅にご招待しますが、その前にクイズを出題します。いずれも基本的な統計データに関するクイズです。

「障がい者」と「性」、いずれも曖昧かつ漠然としたイメージで語られがちな分野ですが、旅の出発地点や目指すべき最終目的地点を間違えないためにも、まずは障がいのある人たちの現状を示す数字をきちんと押さえておきましょう。出発前の準備運動として、肩の力を抜いて答えを考えてみてください。

Q1　日本の人口（約一億二〇〇〇万人）のうち、障がいのある人の割合は何％？

自分の身の回りに障がいのある家族や友人がいる人ならば、「一〇％くらいかな？」と思うかもしれません。普段障がいのある人と全く出会わない生活をしている人ならば、「一％くらいなんじゃないの？」と思うかもしれませんね。

公共交通機関や建物のバリアフリー化が進み、あちこちにエレベーターや多機能トイレが設置され、車いすの人を電車やバスの中で見かけることの多い街に住んでいる人と、そうではない段差だらけの街に住んでいる人とでは、それぞれ違った答えが返ってくるはずです。

私が講師を務める研修や講演の冒頭でこのクイズを出すと、普段施設や作業所で障がいのある人に接している職員や専門職の方でも、意外とすぐに答えが出てきません。割合ではなく人数を尋ねた場合も、「う～ん、全国で一万人くらい？」と答える人もいれば、「トータルで一〇〇〇万人はいるんじゃないか」と答える人もいます。

果たして、正解はどれくらいの割合なのでしょうか。答えは、「六％」です。平成二五年版の「障害者白書」によると、身体・知的・精神に何らかの障がいのある人は、約七四一万人。これは、愛知県の人口約七四四万人とほぼ同じ数です。「意外と多い」と感じたのではないでしょうか。

Q2 障がいのある人のうち、在宅で生活している人の割合は何％？

障がいのある人は自宅で生活することが難しいため、大半の人が施設や病院で生活しているのでは……と考えている人も多いでしょう。確かにマンションの隣の部屋で、言葉のほとんど通じない重度の自閉症の人が住んでいたり、いつも通っている駅近くのアパートの一室で、自力では指一本動かせないような重度の身体障がいのある人が人工呼吸器を使用しながら生活していたりする、ということはイメージしづらいかもしれません。

しかし現実は全く違います。正解をお伝えすると、身体障がい児・者の九七%、知的障がい児・者の七七%、精神障がい者の八九%は、人里離れた施設や外界から隔離された病棟の中ではなく、障がいの無い人たちと同じ地域の中にある自宅で生活しています。

つまり約八〜九割以上の人たちが、障がいの無い人たちと一緒に、ごく普通に地域の中で暮らしているのです。障がいのある人たちの大半が地域で暮らしているということは、障がいのある人の性にまつわる様々なドラマや問題も、その大半が私たちの住んでいる地域の中で起こっている、ということを意味します。決して本や映画の中だけの遠い世界の話ではない、ということをまず覚えてください。

身体障がいのある人のうち、結婚している人の割合は？

全国に約七四一万人いる障がいのある人のうち、身体障がいのある人は約三五七万人です。ここで次の問題を出しましょう。

Q3　身体障がいのある人のうち、結婚して配偶者がいる人の割合は何%？

身体障がいというと、車いすに乗っている手足の不自由な人（肢体不自由）をイメージする人が多いと思います。車いす生活では、恋愛のパートナーを探したり、家事や育児などの場面でも様々な困難を伴うために、実際に結婚していたりする人はかなり少ないのでは……と思う人もいるでしょう。

しかし身体障がいというカテゴリーはとても幅広く、肢体不自由以外にも、目の不自由な人（視覚障害）、耳の不自由な人（聴覚障害）、心臓や腎臓など身体の内側にトラブルがある人（内部障害）、ＨＩＶ感染者（免疫機能障害）など、様々な人が当てはまります。こうしたカテゴリーの広さを知っていれば、答えは変わってくるはずです。

正解は「六〇・二％」です。約六割の人がパートナーとの結婚生活を送っています。もちろん、重度の身体障がいがあり施設で暮らしている人の中には、パートナーと出会うきっかけが全く無くて困っている人もたくさんいます。地域で暮らしていても、恋愛になかなか踏み出せずに悩んでいる人もいます。また結婚した後に病気や事故で障がいを負った人もいるので、この数字をそのまま受け取ることはできません。

それでも多くの身体障がいのある人にとって、恋愛や結婚は日常生活の中でのごくありふれた出来事である、ということは事実だといえるでしょう。

それでは身体障がいのある人たちは日常の中でどのような性生活を送っているのでしょうか。どのようなことに喜び、どのようなことで悩んでいるのでしょうか。もう一度、プロローグで紹介した孝典さん（肢体不自由）の場合を見てみましょう。

肢体不自由（筋ジストロフィー）の孝典さんの場合

孝典さんが初めて自分で自慰をしたのは、小学二年生の時でした。その時は射精せずに気持ちよさを味わっただけだったのですが、「何かの病気なのかもしれない」と怖くなったそうです。初めての射精は小学校五年生でした。男子であれば誰にでも訪れるものだということは中学に入ってから知りました。

小学六年生から車いすで生活するようになった孝典さんは、周りの友達から「お前は（自慰を）知っているの？」「できるのか？」と聞かれることがあったそうです。そんな時は、つい「そんなことは知らないよ」と返してしまったのですが、友達との会話の中で周りのみんなも同じようにやっていることを知って安心しました。当時は週に一回程度、うつぶせになって床に性器をこすりつける形で自慰をしていました。

周りのクラスの男子と同じようにエッチな雑誌やＡＶを観ることもありました。ただ、筋ジストロフィーの進行に伴い、自力で自慰をすることが次第に難しくなってきました。思春期の真っ只中、最も性的な欲求が高まる時期に自分の意思で欲求をコントロールできないのは、言葉では言い表せない辛さだったはずです。

勇気を出して、母親に自慰の介助を頼んだことがありました。父親はそういう話に触れることを嫌がるようなタイプだったので、少しでも理解がありそうな母親に頼んだのです。頼んだのは行為そのものではなく、ズボンと下着を脱がすところと、手を股間に移動させるところまで。頼む時も「自慰行為を手伝ってほしい」とストレートに頼むのではなく、「ズボンを脱がせてほしい」と間接的な表現で言いました。母親は、暗黙の了解で引き受けてくれたそうです。母親に自慰を介助してもらう時は、「初めて他人にトイレの介助をお願いした時の感覚」以上の恥ずかしさを感じたそうです。それから母親には五回くらい介助を頼んだのですが、継続的なものにはなりませんでした。

その後の八年間は、自分の力で射精することが物理的にできなかったため、ひたすら我慢と夢精を続ける日々でした。大学に入学した後も、他の学生たちと一緒にキャンパスライフを送っていく中で、性に関してだけは「ないもの」として記憶から抹消していました。射精ができないことでモヤモヤした気持ちになったり、辛いと感じたりすることはありましたが、「誰にも言えない」という思いがあったので、ＣＩＬ（自立生活センター）の仲間やピアカウンセラーにも相談することはありませんでした。

ようやく転機が訪れたのは二六歳の時でした。現在の彼女と出会って交際をする関係になり、初めてのセックスをすることもできました。彼女と過ごす幸せな日々の中で、これで性的な面での悩みからも解放される、と孝典さんは胸をなでおろしました。

しかし安心できたのはほんのつかの間でした。プロローグで述べた通り、現在彼女とはほぼセックスレスの状態になってしまっています。孝典さんとしては、コンスタントに射精しないと精神的に不安定になってくるのですが、彼女に助けを求めても嫌な顔をされてしまうので頼みづらいのです。

ここで孝典さんは、「彼女がいてもいなくても、自分の力で性的欲求を解消できなければ、性の悩みはずっと消えないんだ」ということに気づきました。仮に彼女と別れて他の女性と付き合ったとしても、同じ問題が発生するだけです。

そんな時に、インターネットのホームページでホワイトハンズの存在を知りました。

ホワイトハンズの提供している射精介助は、

①脊髄損傷等による勃起や射精に関する障がいが無く、医学的には問題なく射精を行うこ

とができる身体状況であるが、
②脳性まひや神経難病、筋疾患による四肢の麻痺・拘縮といった身体障がいのために、自力での射精行為が困難な男性身体障がい者に対して、
③本人の性に関する尊厳と自立の保護、そして性機能の健康管理を目的として、
④介護用手袋を着用したスタッフの手により、射精の介助を行うケアサービスです。

低価格で射精の介助をしてくれる点、法人化されていてメディア上での情報発信もしている点、そして性に関するサービスなのにいやらしさを前面に出していないところを見て、「お金を払えば、悩みを解決できるんだ」「ここなら罪悪感を抱くことなく、安心して利用できるのでは」と思って、メールで利用依頼をしました。

現在月に一回程度孝典さんの自宅を訪問しているケアスタッフは二〇代の女性看護師です。若い女性のケアスタッフから射精の介助を受けている最中はどんな気持ちなのでしょうか。孝典さんにお聞きしたところ、「何も考えていません。目の前にいるケアスタッフの方は自分自身であり、自分がしているという感覚しかない。ただただ溜まっている性欲を解消できればそれでよく、快楽を求める余裕があったら他に依頼していると思う。いやらしさが無いから依頼しているのに、目の前にいるケアスタッフの方を性の対象にしたり

恋愛感情を抱いたりしてしまったら、ホワイトハンズに依頼する意味が無くなる」とのお返事を頂きました。

肢体不自由の人が抱えている性の悩みとは

孝典さんのケースを参考にして、肢体不自由の人が性に関してどのような悩みや課題を抱えているのか考えてみましょう。

まず当たり前のことですが、障がいの有無や重さにかかわらず、全ての人に性的な欲求は存在します。重い障がいを持ち、人工呼吸器と電動車いすを使いながら生活している孝典さんも、障がいの無い男性と全く同じように小学生の時に自慰と射精を覚え、思春期にはエッチな雑誌やAVに関心を持ち、自分の性的欲求とどう付き合うかについて悩んでいます。そして職場の旅行サークルというコミュニティに参加する過程で女性と出会い、恋愛をして、セックスしています。

つまり性や恋愛に関しては、障がいのある人も無い人も全く同じように感じて、喜んで、悩んでいるのです。まず、ここをきちんと押さえておきましょう。その上で障がいの無い人に比べて障がいのある人がぶつかりがちな「壁」を確認していきます。

恋人をつくれないのは、障がいのせい？

障がいの有無を問わず、「恋人が欲しい！」と考えている人はたくさんいます。そして恋人をつくるために必要な条件は、同じく障がいの有無を問わず、全く同じです。

その条件とは「地域社会のコミュニティに積極的に参加すること」です。障がいのある人の場合、孝典さんのような旅行やレジャーなどの趣味の集まり、障がい者スポーツや地域のボランティアサークル、障がい者運動に関する勉強会などです。就労継続支援を行っているセンターや職場も、こうしたコミュニティの一つに含まれるでしょう。

地域社会のコミュニティへの積極的な参加を通して（ステップ1）、多くの人と出会って交流を深め（ステップ2）、その中で相性や価値観の合う相手と一対一の関係を作っていく（ステップ3）、という形が理想です。

しかし障がいのある人（特に男性の場合）は、こうしたステップを飛ばして、出会ってすぐに相手に告白してしまったり、現実世界のコミュニティに参加せずに、いきなりオンラインの出会い系サイトなどで恋人を探してしまったりする、といった間違いをおかしてしまいがちです。

その背景には、普段の生活での人間関係の少なさや、社会経験の乏しさがあります。一見すると、身体に障がいがあるせいで外出する機会が減り、そのためになかなか人間関係を作ることができないのでは、と思うかもしれません。

しかし、孝典さんは二四時間態勢の介護を必要とする重度の身体障がいがありますが、積極的に外出し、多くの友人や介助者、そして恋人に囲まれて生活しています。

障がいのある人が地域社会で人間関係を学ぶ機会、社会経験を積む機会をなかなか得られないのは「障がいがあるから」という理由だけではありません。その背景には「母親の壁」があります。

立ちはだかる「母親の壁」

障がいのある子どもがいる家庭では、子どもをケアするための身体的・精神的・時間的負担が母親一人のみに集中してしまう傾向があります。障がいのある子どものいる夫婦は、障がいの無い子どものいる夫婦に比べて離婚率も高く、シングルマザーとして障がいのある子どもを育てている母親も大勢います。

こうした背景もあって、障がいを持って生まれた子どもとその母親との間には、過度の母子密着が生じやすい傾向があります。この過度の母子密着が、子どもの「性的な自立」

と「社会的な自立」の二つを妨げる壁になっています。

性的な自立とは、自分の心と身体、そして異性の心と身体を知り、お互いの性を尊重した上で、自分の意思で責任ある行動をとれるようになることを指します。簡単に言えば、「相手の立場に立って、相手の気持ちを考えて行動できるようになること」です。性的な自立は、地域のコミュニティへの参加、一人暮らしや就労などの社会的な自立につながります。

しかし障がいのある人の中には、性的な自立をなかなか実現できない人が少なくありません。一方的に自分の欲求（やりたいこと）や意見（言いたいこと）を訴えるだけで、相手の立場に立つことができないため、うまく相手との人間関係を作れない。その結果として、社会的な自立も実現できなくなってしまったり、実現できたとしても三〇～四〇代を過ぎてしまったりと、障がいの無い人たちに比べて大幅に遅れてしまう傾向があります。

孝典さんの場合、母親に自慰行為の介助を依頼し、母親も暗黙の了解でそれに応じていました。実はこうしたケースは少なくありません。身体障がいや知的・発達障がいのある子どもの母親が、周りの誰にも相談できずに、やむをえず息子の自慰行為を手伝っているという例は、昔から少なからずあります。

母親が息子の自慰を介助する場合、当然ですが介助をする母親、そして介助を受ける子どもの双方にかなりの精神的負担がかかります。本来であれば、外部の第三者、少なくとも家族以外の誰かに依頼するべきです。同じ男性として、父親にアドバイスを求めることも必要でしょう。

しかし障がいのある子どものケアを母親一人が丸抱えしている状況では、誰かに助けを求めることができず、結果として母親が介助をしてしまうことになりがちです。母親に自慰行為を介助してもらうような状態では、とても性的に自立しているとはいえないでしょう。

プライベートな時間と空間が無い

また母親が障がいのある子どもの食事やトイレ、外出から就寝までの生活を全面的に支援しているために、プライベートの時間と空間がほとんど無くなってしまうこともあります。一人でエッチな本を読むこともできませんし、友人や恋人を自分の部屋に招くこともできません。

子どもが性的に自立していくためには、一人になれるプライベートな時間と空間を確保することが必要ですが、障がいのある子どもの場合、なかなかそれらを得ることができなくなってしまいます。こうした「母親の壁」が、障がいのある子どもの性的自立を妨害しているケースは少なくありません。

ホワイトハンズの利用者の中でも、母親と同居しているため、射精介助を受ける日時や時間帯を全て母親に把握されている二〇代の男性がいました。自分がいつ・どこで・どのように射精をするか、ということは男性にとって大切なプライバシーの問題ですが、それらを全て母親に把握されているというのは、本人の性的な自立という視点から見れば望ましいものではないでしょう。

移動や外出にも常に母親が同伴してくる場合、友人同士の集まりや地域のコミュニティにもなかなか参加しづらくなります。財布が母親に管理されている場合、自分の好きなようにお金を使うこともできません。ホワイトハンズに問い合わせをしてくる方の中にも、「母親の許可が無いとお金を使えないから射精介助を受けられない」という人がいました。

「自己決定」の邪魔になってしまう

孝典さんは自分の力でインターネットで検索して、自分の意思で射精介助を依頼しました。ちなみにホワイトハンズへのケア依頼は、九九%が本人からの依頼です。

「障がいのある人は自己決定や意思表示ができにくいため、本人に代わって家族や介助者、施設職員がケアの依頼をすることが多いのでは？」というイメージを持っている方もいるかもしれませんが、性的支援に関してはこれは全くの間違いです。

家族や支援者は、そもそも本人に性的欲求があることに気づかないか、気づいたとしても見て見ぬふりをしてしまうケースが少なくありません。障がいの無い人でも、家族と性の話をざっくばらんにできる人は少ないはずです。当然、本人が何も言わずに黙っていては自動的に受けられるような制度やサービスはありません。

そのため障がいのある人の場合、まず自分の性的欲求の存在をきちんと認識した上で、自分の力と意思で「こういうことがしたい」と訴える必要があります。

つまり、自分の意思で射精介助を依頼するだけの自己決定能力（＝最低限度の性の権利！）を有していなければ、最低限度の性の健康を維持するためのケアを受けられないのです。

しかし「母親の壁」があると、本人に代わって母親が情報の取捨選択や意思決定を代行してしまうため、本人が自分の意思で情報を集めたり、物事を決めたりすることがなかなかできなくなってしまいます。ホワイトハンズにも「母親に説明できないから（サービスを）呼べない」「母親の理解が得られないから呼べない」という悩みの声は、これまでたくさん届いています。

ちなみに射精介助を利用している人の平均年齢は四三・四歳です。利用者の七割以上は、地域で自立生活をしている三五〜五九歳の男性になります。

二〇〇八年にサービスを始めた際は、性的な欲求の高まる二〇代の若い男性からの依頼が多いのでは、と思っていました。しかし実際にサービスを開始してみると、利用者の大半は四〇代以上の男性でした。親の高齢化や死去に伴い、初めて親元から離れて自立生活を開始して、やっと自分の意思で部屋に他人＝ケアスタッフを呼べるようになった、という人は少なくありません。それでも、人生の後半に入ってようやく自分の性を自分で管理できるようになったというのでは、やはり遅すぎるでしょう。

つまり「母親の壁」は、子どもの性的な自立だけでなく社会的な自立も妨害しているのです。障がいのある子どもの母親の中には、「自分だけの大切な宝物」である子どもが、自分以外の誰かに欲望を抱く性的な存在であること、自分以外の誰かから欲望を抱かれる性的な存在になることを感情的に認められない人もいます。

そうした母親は、ありとあらゆる手段を用いて自分の息子や娘を性的な情報や環境から遠ざけ、隔離しようとします。その結果、子どもは自分自身の性の健康を保つために最低限必要な知識や権利意識すら全く持たない状態、性的に自立していない状態で大人になってしまうのです。障がいのある女性の中には、結婚するまで避妊具の存在自体を知らなかった、という人もいます。社会生活を送る上での最低限の性知識すら無い場合、性暴力の被害者や加害者になってしまうこともあります。

母親は障がいのある人にとって最大の理解者・保護者にもなりますが、その反面、本人の社会参加や自立を妨げる最大の「壁」にもなりえます。

障がいのある人が直面する「性的貧困」の落とし穴

孝典さんは母親に介助してもらうのを諦めてから八年間、自力で射精をすることができませんでした。一〇代後半から二〇代半ばの時期に、自分の意思で性的欲求を管理することがほとんどできない状態で過ごさなければいけないことの辛さは、男性の読者の方であればお分かり頂けると思います。

障がいの有無にかかわらず、性の悩みは誰しもが持っています。そして悩みがあっても、なかなか言葉にできず、人にも相談できない場合がほとんどだと思います。

食事や睡眠、排泄などと同様の基本的生活行為であるにもかかわらず、現在の介護・福祉サービスの中において、性の健康と権利を守るためのケアは残念ながらほとんど存在しません。介護保険や障害者総合支援法といった制度の枠内にも、射精できない重度の身体障がい者に対する介助は存在しません。男性が男性として生きていくために最低限度必要なケアですら、全く行われていないのが現実です。

そのため肢体不自由になった場合、数年間、あるいは数十年間、場合によっては一生射精のできない生活を送る羽目になってしまいます。これまでホワイトハンズの活動の中でも、「生まれて初めて射精しました」「一〇年ぶりに射精しました」「三〇年ぶりに射精しました」という男性には、何度も出会ってきました。

人間にとっての性は、大きく分けて以下の四つの側面があります。

一、生理現象（射精、生理、出産など）
二、快楽を得るための手段（＝エロス）
三、愛情表現の手段
四、社会的な尊厳の根拠（＝男らしさ、女らしさ、自分らしさ）

性の健康と権利を守るための仕組みが無い、ということは、これら四つが毎日の生活から失われてしまうことを意味します。

つまり、今の社会では、障がいのある人も無い人も、性に関してはセーフティネットの全く無い世界に生きているのです。健康なうち、若いうちは何の問題もなく性生活を送ることができますが、ひとたび病気や障がい、加齢などのトラブルを抱えると、性的なケアや支援を何も受けられない「性的貧困」の状態へと一気に転落してしまいます。

性的な快楽も得られず、愛情表現もできず、社会的な尊厳も確立できなくなってしまうと、ＱＯＬ（Quality of Life＝生活の質）は著しく低下します。こうした性的貧困の状態に最も陥りやすいのが、障がいのある人をはじめとした社会的に弱い立場にある人たちです。

セカンドステップに関する問題

「射精できない」という問題に悩んでいた孝典さんは、恋愛をして彼女ができた後、今度は「彼女とセックスができない」というセックスレスの問題で悩むようになります。

障がいとセックスレス。この二つの言葉は、頭の中で結びつかない人も多いのではないでしょうか。障がいのある人の性の悩みというと、どうしても「恋愛ができない」「セックスの相手がいない」といったファーストステップでのつまずきばかりがクローズアップされがちですが、実際は「恋愛が長続きしない」「セカンドヴァージンから抜け出せない」「セックスレスをなかなか解消できない」といった、恋愛やセックスのセカンドステップに関する問題で悩んでいる人もたくさんいます。ホワイトハンズでも、妻とのセックスレスで悩んでいる筋ジストロフィーの男性からケア依頼を受けたことがあります。

そして、こうしたセカンドステップに関する悩みは、ファーストステップ以上に相談する相手や場がありません。同じ障がい者の集まりでも、「恋人がいない」「出会いが無い」といったファーストステップで悩んでいる人が多い場合、セカンドステップの悩みを話すことはできません。仮にセックスレスの悩みを話したとしても、「彼女がいるだけで幸せじゃないか」と言われるのがオチでしょう。

つまり障がいのある人は、恋愛やセックスのファーストステップでもつまずきやすいだけでなく、セカンドステップ以降の場面でも、障がいの無い人に比べて悩みを相談・共有する場が少ない、というハンディキャップを抱えざるを得ないのです。

障がいを「幸福の磁石」にするために

障がいのある人が悩んでいる性の問題は、一つひとつを見ていけば、誰にでも起こり得るごくありふれた問題です。しかし障がいがあるという理由だけで、一つの困難が磁石のようにまた別の困難を引き寄せ、問題がどんどん積み重なって絡み合ってしまい、簡単には解決できない状態まで深刻化してしまいます。

障がいは、様々な困難を引き寄せる「不幸の磁石」にもなれば、出会いを呼び寄せる「幸運の磁石」にもなります。障がいを乗り越えて、あるいは障がいを逆手に取って、はたまた障がいを全く気にしないで、充実した人間関係や恋愛関係を築いている人はたくさんいます。

果たして、障がいが「不幸の磁石」になるか「幸福の磁石」になるかは、どこで決まるのでしょうか。そのヒントは「社会参加」にあります。

射精介助のデータを分析していく中で、「射精介助の利用率は、本人の社会参加の活発さに比例する」という法則が浮かび上がってきました。性に関する介助というと、若い世代の人、性的欲求の強い人が頻繁に利用する、というイメージがありますが、現実はむしろ就労やスポーツ、学業や障がい者運動、レジャーや旅行などの社会参加を活発にしている人の方が頻繁に利用する傾向があることが分かりました。

性的にアクティヴな人は、社会的にもアクティヴです。自分の性ときちんと向き合い、自分の意思で性の健康を管理できる性的に自立した人は、他人の性も尊重できます。そのため、対人コミュニケーションもうまくいき、就労や趣味、スポーツなどのコミュニティにも参加しやすくなって、出会いの機会も増える……という好循環です。

つまり、勇気を出して社会に飛び込んでいき、その中で経験値やスキルを高めていけば、障がいを「幸福の磁石」にすることができるのです。

障がいのある人の性に対する合理的配慮とは？

本エピソードでは、障がいのある人にとって、射精という一見私的に見える行為も、実は本人の社会参加や自立の度合いが反映される社会的な行為であるということ、それゆえに性的な自立こそが社会的な自立につながる、ということを確認してきました。

そう考えると、障がいのある人に対する性的支援と社会参加の支援は、車の両輪であることが分かります。障がい者の自立生活支援に関わっている方々と話をすると、障がいのある人たちが自立生活を目指す理由の多くは、「彼氏が欲しい」「恋愛がしたい」「結婚したい」といった、性愛に関わるものだと言います。

もちろん、恋愛やセックスは決して楽しいことばかりではありません。孝典さんが思いもよらぬセックスレスの壁にぶつかったように、「むしろ恋愛やセックスを知らなかった頃の方が幸せだったんじゃないか」と思う時もあるでしょう。失恋をはじめ、パートナーとの離婚や死別で生きる意欲を粉々に打ち砕かれてしまう時もあるでしょう。そんな時は「自立生活や社会参加などせずに、最初からおとなしく親の家に引きこもっていた方が幸せだったんじゃないか」と後悔することもあるかもしれません。

それでも性愛にまつわる欲求は、社会という名の広大なフィールド、その中にある他人という名のダンジョン（迷宮）を、試行錯誤を厭わずに冒険し続けるためのモチベーションの源泉になります。

残念ながら、社会参加のための原動力であるにもかかわらず、障がいのある人の性や恋愛については、既存の福祉制度の中では全くといっていいほど支援やケアが行われていません。射精介助の現状を見てきた通り、必要最低限の性の健康と権利を保つための配慮すらされていない、というのが現状です。

障がいのある人の自立を支援するのであれば、性的自立と社会的自立の両面から支援を行っていく必要があります。障がいのある人に対して、本人の社会的自立を達成するための性的自立を支援することを「性に対する合理的配慮」と呼びましょう。

具体的には、適切な時期に適切な内容の性教育や性的支援を与えることを通して、障がいのある人も、障がいの無い人と同じスタートラインから性や恋愛に関わることのできる機会を提供することを意味します。

これは決して「障がいのある人に恋愛やセックスの相手をあてがうこと」でもなければ、「恋愛やセックスの美味しいところだけを味わってもらうこと」でもありません。あくまで障がいの無い人と同じスタートラインに立つまでの機会の平等を目的とした配慮です(その意味では、性に対する合理的配慮が実現された世界は、障がいのある人にとって必ずしも楽な世界ではないのかもしれません)。

こうした性に対する合理的配慮を全く行わずに、いくら周囲の家族や支援者、行政が「就労しましょう」「自立しましょう」と声を張り上げても、成果は望めないはずです。

これまでは、障がいのある人たちの性を見たくない・考えたくないという社会のニーズに応える形で、障がいのある人たちの方が、自らの性的なニーズを語らないという「合理的配慮」をしていました。しかし本来合理的配慮をするべき主体は、障がいのある人たちではなく社会の側であるはずです。

二〇一六年四月からは、障がいのある人に対して「不当な差別的扱い」と「合理的配慮をしないこと」を禁止した障害者差別解消法が施行されました。この時代の流れを活かして、最も合理的配慮が必要な領域であったにもかかわらず、最も不当な差別的扱いを受けてきた障がいのある人の性の健康と権利に、きちんと社会の光を当てていくことが求められています。

生と性は表裏一体であり、性抜きに生だけを語ることはできません。障がいのある人の性を尊重することによってはじめて、私たちは障がいのある人も無い人も共に生きることのできる真の共生社会を実現するための一歩を踏み出せるはずです。

エピソード2

メディアと障がい者の性

障がい者の性はメディアでどのように扱われてきたか

二〇一五年八月、ホワイトハンズの射精介助の現場を取材した記事が全国各地の地方紙に配信されました。共同通信の記者がケア現場に同行し、利用者の男性二名、ケアスタッフの女性二名に対して、インタビュー取材を行った記事です。

大阪日日新聞朝刊（八月三一日）に載った記事の見出しは「障害者の性に向き合う」。「世間では障害者の性はタブー視されている面があると思う。こういう気持ちを抱いて生きている人間がいることを知ってほしい」という利用者（三〇代・筋ジストロフィー）の声、「射精に至らない人とは、性の悩みについて語り合うこともある。障害者の性について当たり前に話し合える環境が整うようになれば」というケアスタッフ（二〇代・医療系学生）の声が掲載されました。

障がいのある人の性は、ともすればタブーとして扱われがちなテーマです。確かに、障がいと性は、いずれも公の場で語りづらいテーマであることは事実です。

メディア上において、障がいのある人の性の問題は「タブーに切り込む」といったセンセーショナルな形で紹介されるイメージがあります。最近になってようやく少しずつ語られるようになったというイメージを持っている人もいるかもしれません。

しかし歴史を振り返ってみると、障がいのある人の性は、実は数十年以上前から様々なメディアで、かつ多様な切り口で取り上げられてきました。メディアにおける取り上げられ方が現実の障がい者の性に影響を及ぼすこともあれば、障がい者の性をめぐる現実の変化がメディアでの取り上げられ方に影響を与えることもあります。

エピソード2では、障がい者の性をめぐる歴史を振り返りながら、このテーマがメディア上でこれまでどのように扱われてきたのか（過去）、そして今はどのように扱われているのか（現在）を確認した上で、これからどのように扱われていくべきなのか（未来）を考えていきます。

戦前（〜一九四〇年代）――無資料の時代

国内における障がいのある人の性に関する文献や資料は、戦前にはほとんど存在していません。民俗学の分野において、夜這い（セックスを目的にして、夜中に異性の寝ている部屋や家を訪れること）の慣習のあった江戸〜明治のムラ社会の中で、障がいのある人がどのように扱われていたのかを示す断片的な情報はありますが、文献資料として確固たるものは見当たりません。

当時は夜這いがムラ社会の性教育システムとしての機能を担っている地域もあったため、「夜這いの対象にならない障がい者に肉親が性教育を行い、一方が妊娠した」という例は、各地で見られたようです。

また知的障がいのある人の場合、「ムラの人間が妊娠させて、小屋を作って別居させた」という例もあるようですが、多くの場合ムラを離れて都市部に流入し、流浪と貧困の中で命を落とすことが多かったようです。

海外に目を向けると、第二次世界大戦前の欧米諸国では、医師や専門家の間で「知的障がいのある人は性的な面で自己統制力が無く、放縦かつ多産傾向がある」とされていました。性犯罪や売春の常習者になる確率が高いともいわれており、これに「知的障がいは遺伝する」という根拠のない説が加わって「放置すると知的障がい者の人口比率が高まり、国家の負担になる」という世論が作られていきました。メディア上で「知的障がい者の存在そのものが社会の脅威である」というキャンペーンが張られ、その後押しを受けて、断種立法、結婚の禁止、大規模施設への収容を進めるという優生学的な社会政策が進められていきました。

戦後（〜一九六〇年代）――暗黒の時代

戦後から一九六〇年代の間は、障がいのある人の性にとって、まさに暗黒時代でした。今日であれば人権侵害とみなされるような制度や措置が陰ながら奨励されていました。一九四八年九月に施行された優生保護法では、知的・精神障がいのある人に対しては、本人の同意無しで生殖機能を断つことができる、という内容が定められていました。

国の統計では、優生保護法の施行から、一九九六年に改正されるまでの約半世紀の間に、約一万六五〇〇人の不妊手術が行われたとされています。一九五〇年代に刊行されていた障がい者施設の年報を見ると、知的障がいのある人たちの性や結婚を問題視する記述が見られます。障がいのある人の性を管理しようとする当時の国の政策や法律が、メディアにも反映されていたと考えられます。

六〇年代には、一部の自治体で出生前診断を通して障がい児の出生を防止しようとする「不幸な子どもの生まれない運動」が推進されます。障がい者は不幸な存在であり、生まれてこない方が本人と社会のため、という考えが支配的だったのです。

そうした風潮の中、一九六四年、茨城県の閑居山願成寺に脳性まひの肢体不自由者の解放コロニー「マハ・ラバ村」が誕生します。浄土真宗の僧侶・大仏空《おさらぎあきら》の下、最盛期には二十数名の脳性まひ者が自給自足的な共同生活をしていました。

大仏は、「障がい者が健常者の社会に適応しようとすることは、自らの否定になるだけだ」と説きました。健常者からの同情や理解、そして一般社会への適応をあえて拒むことによって、障がい者としての自己をありのままに肯定せよ、と主張したのです。

コロニーでは参加者間の結婚や出産も行われていました。一方、運営をめぐる主導権争い、恋愛や結婚に関するトラブルは絶えなかったそうです。

最終的にコロニーはわずか五年で崩壊します。脳性まひ者同士で結婚したメンバーの間に健常者の子どもが生まれたことで、「せめて子どもたちは一般社会の中で育てたい」という思いがメンバー間で強まったからだとされています。

しかしコロニーは崩壊しても、その思想は無くなりませんでした。コロニーの思想を受け継いで社会に戻ったメンバーたちは、七〇年代にメディアを賑わせた「青い芝の会」の中心になっていきます。

一九七〇年代——闘争の時代

一九七〇年代は、青い芝の会をはじめとする障がい者団体の活動がメディアで話題を呼んだ時代です。国内の障がい者運動の草分けと呼ばれているこの会は、障がい者を排除する社会に対して、闘争的かつ根源的な問題提起を投げかける活動を行いました。

重度の精神・身体障がいを持つ胎児の中絶を合法化する内容の優生保護法改訂への反対運動、脳性まひの障がい児を殺した母親に対する減刑反対運動、養護学校義務化阻止闘争などは、当時多くのメディアで取り上げられました。

会のリーダー的存在であった横田弘さんは、「障害者と健全者との関り合い、それは、絶えることのない日常的な闘争（ふれあい）によって、初めて前進することができるのではないだろうか」（『障害者殺しの思想』現代書館）と語っています。

障がい者の性の問題を公の場で初めて問題化したのも、この青い芝の会です。一九七二年に、青い芝の会の人々の生活と思想をカメラに収めたドキュメンタリー映画『さようならＣＰ』（原一男監督）が公開されました。作品中では、会のメンバーが自らの性体験を語る場面が描かれています。この作品が、映像メディアの中で障がい者が自身の「性」について語った初めての記録とされています。

こうした障がい者運動以外の世界では、リハビリテーションの分野で障がい者の性に関する論文・記事が発表されるようになります。性の問題にいち早く着目したのは、この分野の研究者たちでした。

七〇年代の後半には、東京や大阪に障がい児の性教育を研究する会が設立されます。一九七六年には『ちえ遅れの子の性と結婚の指導』（小杉長平・大井清吉・河東田博：日本文化科学社）が出版されます。知的障がい児・者に対する性教育、初潮や夢精から自慰や異性との交際、そして結婚の指導を網羅した、今読み返しても学ぶところの多い古典的名著です。また、いくつかの養護学校や通勤寮では、有志の教職員によって性に関する調査や教育が行われるようになっていきます。

一九八〇年代——発表の時代

一九八〇年代に入り、障がい者福祉に関する法整備や制度が整うにつれて、障がい当事者によって性に関する問題が語られるようになり、専門誌や機関誌などのメディア上で特集が組まれるようになります。

一九八四年には『山をこえて行こうではないか　ちえ遅れの子の性と結婚を語る』（小杉長平：大揚社）が出版され、一九八五年には、身体障がいのある人のセックス・カウンセリングや知的障がいのある人の性教育プログラムを紹介した『障害者の性と結婚』（平山尚：ミネルヴァ書房）が出版されています。

実は、障がいのある人の性に関する論点（何が問題なのか）と処方箋（どのように解決すればいいか）は、この時代に一通り提示されているのです。「賛否論だけではなく具体的な援助の方法を」という掛け声が上がり、障がいのある人の性の問題が本人だけの問題ではなく、家族や地域、そして社会の問題であることも既に主張されていました。

にもかかわらず、それらが現場で共有され、解決のための仕組みが作られることは稀でした。そう考えると、八〇年代の当時から現在に至るまでの間は「失われた三〇年」といえるのかもしれません。

一九八九年には、脳性まひの女性が自身の結婚・出産・育児を描いた本『車椅子からウィンク～脳性マヒのママがつづる愛と性』（小山内美智子：ネスコ／文藝春秋）が、テレビ朝日の「火曜スーパーワイド」にてドラマ化（主演・黒木瞳）されました。

一九九〇年代——啓発の時代

一九九〇年代は、八〇年代に発表された理論や実践の蓄積がより分かりやすい形でメディアに登場し、障がいのある人の性というテーマが一般社会に普及・啓発されていく時代でした。障がい者関連のイベントやセミナー、各地の学会やシンポジウム等で障がい者の性に関する問題がテーマとして取り上げられるようになります。

一九九二年、兵庫県西宮市の自立生活センター「メインストリーム協会」の機関誌に、重度身体障がい者のソープランド体験記が掲載され、大きな反響を呼びました。新聞や雑誌などのメディアにも取り上げられ、公開シンポジウムも開催されるなど、重度身体障がい者がソープランドを利用することの是非、及び障がい者の性にどう向き合うかをめぐって「メインストリーム論争」と呼ばれる議論が巻き起こりました。

一九九三年には、障がい者の性に関する啓蒙活動を行う日本初の団体「障害者の生と性の研究会」(代表・河原正実)が発足しました。会のメンバーには全国紙の新聞記者も含まれており、一九九四年に『障害者が恋愛と性を語りはじめた』(かもがわ出版)が出版されました。

同年、エジプトのカイロで行われた国際人口開発会議のNGOフォーラムで、自立生活センター「援助為《えんじょい》」代表の安積遊歩さんが日本国内の女性障がい者に対する子宮摘出の実態を発表し、各メディアの注目を浴びました。彼女の著作『癒しのセクシー・トリップ〜わたしは車イスの私が好き!』(一九九三年:太郎次郎社)では、女性障がい者の性愛が赤裸々に描かれています。

二〇〇〇年代――実践の時代

二一世紀に入り、障がい者の性をテーマにした一般向けの書籍が数多く出版されるようになります。なかでも二〇〇四年の『セックスボランティア』（河合香織：新潮社）は大きな話題を呼び、この問題の社会的な認知度を高めることに貢献しました。

この出版と前後して、「障がい者専用」をうたった派遣型風俗店が全国各地で開業します。啓発を超えて、具体的なサービスの実施を通して問題を解決することを目指す実践の時代の幕開けとなりましたが、そのほとんどは経営的に成り立たず、短期間で消えていきました。

二〇〇八年には、重度身体障がい者に対する射精介助を行う非営利組織・ホワイトハンズが登場します。エロや娯楽ではなく介護という視点から、利用者のQOL＝生活の質を向上させるための性的支援を実施した、国内で初めてのサービス事業体です。

性に関するサービスは法規制で宣伝・求人広告をほとんど打てないというハンディがあったため、ホワイトハンズはメディアを活用した広報戦略に力を入れました。その結果、テレビの報道番組から全国紙の記事まで数多くのメディアに取り上げられ、障がいのある人の性の問題を「個人の問題」ではなく「社会の問題」として認知させることに成功しました。海外メディアからの取材もあり、射精介助の現場を映したドキュメンタリー動画『障がい者の性――Medical Sex Worker』は、二〇一六年二月現在、YouTubeを通して全世界で四五〇万回以上再生されています。

テレビでは、二〇〇八年に知的障がいのある母親の子育てを描いたドラマ『だいすき!!』（TBS）が放送されました。障がいのある人の恋愛や結婚、出産や育児が「感動的な美談」としてメディアで取り上げられるケースは未だにありますが、その一方で、NHKのバリアフリー・バラエティ『バリバラ』などのように、当事者の生活目線から性の問題を描いた番組も徐々に放送されるようになってきています。

ここまで、障がいのある人の性というテーマが、メディア上で「これまでどのように扱われてきたのか（過去）」を振り返ってきました。

ここからは、生きづらさをテーマにしたウェブメディア『プラス・ハンディキャップ』の編集長・佐々木一成さんの語りを通して、「今どのように扱われているのか（現在）」を確認した上で、「これからどのように扱われていくべきなのか（未来）」を考えていきます。

「生きづらさ」をテーマにしたウェブメディア

プラス・ハンディキャップは、障がいや病気、いじめや不登校、ＬＧＢＴなど、何らかの生きづらさを抱えた人たちに対して、その緩和・解消・予防を目的とした情報発信をしています。

生きづらさとは、具体的にどのようなことを指すのでしょうか。佐々木さんは、「自分の力では変えることのできない障がいや障壁、状況や環境が原因となって引き起こされるネガティヴな気持ち全般」と定義しています。

佐々木さん自身、両足に障がいがあり義足を使って生活しています。福岡で過ごしていた大学時代は、かわいい女の子を見つけに合コンやクラブに繰り出していたのですが、そんな日々の中で「自分と同じような障がい者がいない」ということをずっと感じていました。もちろん、中には精神障がいや軽度の知的障がいのある人もいたのかもしれませんが、車いすや義足など、外から見て分かりやすい障がい者がいなかったのです。

「彼や彼女らは一体どこで生活・恋愛・仕事をしているのだろう？」と不思議に思った佐々木さんは、障がいのある人の生活全般をもっと研究し深堀りしてみよう、と思い立ちました。

その後、佐々木さんは児童養護施設のボランティアをする機会があり、「目の前で親が首をくくっているのを見た」「二四時間三六五日虐待を受け続けた」という重い話を聞いたことがきっかけで、「自分は障がい者として今まで生きてきたけれども、彼らよりよっぽど気楽に生きているなぁ」と感じたそうです。

障がい者以外にも苦しんでいる人が大勢いると気づいたことに加えて、「生きづらさ」という概念と出会ったことが、プラス・ハンディキャップの立ち上げへとつながっていきました。

「障がい者の性」はPV数が稼げる

これまでプラス・ハンディキャップでは、障がいのある人の性にまつわる記事をいくつか公開しています。これまでに一番読まれたのは、変形した股関節のためにセックスに不安を感じている女性が、自らの悩みを赤裸々につづった「電気消してくれない？　女性障害者が感じる性交渉での悩みごと。」という記事です（http://plus-handicap.com/2014/11/4358/）。

二〇一四年一一月に公開されたこの記事は、プラス・ハンディキャップの創刊以来最高の二五万ＰＶ（ページビュー：サイトの閲覧回数）を記録しました。当時はサイト全体の月間ＰＶ数が二〇万でした。つまり、一カ月のクリック数をこの記事一本で超えてしまったのです。

また二〇一五年六月に公開された「ＡＶにもバリアフリーの時代が！　〇〇付きアダルトビデオを鑑賞してみた。」という聴覚障がい者向けの字幕機能付きＡＶに関する記事は、ツイッターを通じて拡散し、一日でサーバが落ちるほどのアクセスが来たそうです（http://plus-handicap.com/2015/06/5936/）。

「障がい者の性は、メディアを運営している側からすると、言葉は悪いですがＰＶ数が稼げる非常においしいネタです。本当に軽くＰＶが跳ね上がるので、たくさんの人に読んでもらうことができる。それは性に対する興味のある人が多いからなのかもしれないし、面白おかしく見る人がいるからなのかもしれない。

一方、性の話題には嫌悪感を示す人も一定数いるため、炎上と批判が必ずまとわりつく。これが性の問題をメディアで発信する上でも面白さであり、難しさでもあります」

と佐々木さんは語ります。

障がい者は他の障がい者のことを知らない

二〇一四年一月、「障がい者が他の障がい者のことを知る」ことを目的にしたディスカッションイベント「障害者の何でも言いたい放題 vol.1」が福岡で開催され、佐々木さんがファシリテーターとして場を運営しました。

当日の参加者は障がい者ばかりで、足の不自由な人が目の不自由な人に「目が見えないのに、どうやってエッチをするんですか？」といった生々しい質問が飛び交いました。精神障がいや知的障がい、介助者や支援者も含めて非常に濃いメンバーが集まり、途中からは障がい者同士による質疑応答や意見交換、時には不平不満の言い合いになりました。

車いすの人から「視覚障がい者向けの点字ブロックは滑る。歩道のど真ん中にあると進みづらい」という意見が出てきたり、耳の不自由な人に対して「手話じゃなくてもいいのではないか？　チャットでのコミュニケーションで十分じゃないか」という意見が飛び出したりするなど、大いに盛り上がりました。

「障がい者は、自分と異なる障がいを持った障がい者について知りません。これは健常者が障がい者のことを知らないという感覚と同じです。むしろ健常者以上に興味がない可能性すらあります。

障がい者が障がいの有無は関係ない、健常者も障がい者も同じだという意見を主張するのであれば、障がい者に対する知識や興味・関心を、障がい者自身が持つ必要性に気づかなくてはなりません。全ての障がいについて興味を持てとは言いませんが、自分とは違う障がい者のことを知るきっかけがあれば、情報をつかんでおくという意識は大切だと感じます」

と佐々木さんは言います。

ちなみにディスカッションでは、最終的に風俗やセックスなど、性に関する話題が一番盛り上がったそうです。

「障がい当事者同士で障がい者の性を生々しく語ると、健常者の男子の話と変わらない内容になる、ということが面白い経験でした」

性の問題が自分事になる人、他人事でしかない人

佐々木さんは、「性に関する記事を読む人は、あくまでも性の問題に対して興味があるわけであって、全員が障がい者の性に興味があるわけではない」と冷静に分析します。確かにこれは事実でしょう。障がい者の性に関する情報や記事をメディアで発信して、仮に

大きな反響があったとしても、それは障がい者の性というテーマに関心が集まったわけではなく、単純に性の問題だから関心が集まっただけ、ということもありえます。

情報には発信者と受信者が存在します。発信者がどれだけ思いを持って伝えていても、どれだけ事実を伝えたいと思っていても、受信者がそれを受け取ってくれなくては意味がありません。多くの人に見てもらうためには、言葉は悪いですが、色物ネタという観点で読まれることがある事実を受け入れなくてはいけないのかもしれません。

佐々木さん自身、障がい者の性というテーマは、障がい当事者という立場からは、あまりピンとこないそうです。

「社会的弱者とカテゴライズされる障がい者の中にも、実は強者と弱者が存在しています。障がいの程度や種類によって、強者・弱者はコロコロ入れ替わる。性の領域だと、強者と弱者を分けるのは『自分の力でできるかどうか』ではないでしょうか。セックスや自慰を自力でできるか否か、自分の判断軸や裁量で行為に関わっていけるかどうかが分かれ目になります。

そのため障がい者の中にも、性の問題を障がい者の問題として捉える人もいれば、他人事でしかないと考える人も存在しているはずです。プラス・ハンディキャップの記事で考えてみても、障がい者に関する記事が、障害の種類や状況、置かれている環境によって、自分事になる人もいれば、他人事になる人もいるのです。

障がい者の性という言葉を使った時の危うさはそこにあるのではないかと思います。知的障がい者の性の問題を扱っている人は、HIV感染者の性の問題について話すことができますか？　どちらも障がい者です。『障がい者』の対象が誰なのかを明文化した上で、その相手に届けないと意味が無い。そうしたことを含めて、メディアに関わる人間として、ウェブの世界に永遠に文字として残るかもしれないものについては、非常に気を遣っています」

メディアで障がい者の性を伝えていくためには

世の中には「障がい者は真面目で誠実であり、浮気などはしない」というイメージがありますが、もちろんそんなことはありません。

義足を履いた友人とお酒を飲んだ時には、「あそこの風俗街は義足でも行けるんだよ」「東京でも、五反田のあの店は障がい者でも入れたけど、鶯谷や吉原の高級店は女の子の方からNGが出るらしい」「次の出張で神戸に行くのであれば、遊ぶのは新開地か福原か」といったことが話題に上がるそうです。

「つまり障がい当事者でも、性に対して強烈な渇望を抱いている人間はアグレッシヴに動く。だからこそ、障がい者の性の問題と言われても、僕はピンときません。障がい者と呼ばれる人の中にも強者と弱者がいる。それを認識した上でこの問題に取り組んでいかないといけない。

そう考えると今の『障がい者の性』という言葉の使われ方はちょっと真面目すぎる。だからといって、おちゃらけて取り扱ってもいいのか、と言われれば、それも違う。

僕はメディアの人間なので、数字が大事です。どれだけ真面目な記事を書いたとしても、数字の出る記事、多くの人に読んでもらえる記事にならなければ意味が無い。真面目な切り口と、世間の人たちの興味をそそるような切り口をうまくミックスさせて、どうやって世の中にうまく障がい者の性の問題を伝えていくのか。これを考えていくのが、生きづらさに関するメディアを運営している僕の仕事だと思います」

「タブー」から「興味の無いもの」へ

障がい者の性の問題は、「タブー視されているもの」から「多くの人が興味の無いもの」に変わってきている、と佐々木さんは感じているそうです。

「字面だけ見ると、両方ネガティヴです。でも僕は大きな一歩だと思います。今まではタブーとされ、フタをされていた。それが、今はフタを解き放つことはそれなりにできていて、問題自体に対して世間の人が興味を示すか示さないか、という局面まで来ている。

プラス・ハンディキャップで障がい者の性のことを書いても結構反響はあって、単純に数字が稼げている。競合メディアにおいても性の問題は普通に語られているし、その中に障がい者が含まれているものもいくつかある。

なので、ここからは僕らの仕事だと思います。どれだけ多くの人に興味を持って見てもらえるかという情報発信者のテクニックが問われる時代が来た。

無責任な言い方をすると、もうちょっとタブーのままでいてくれれば、メディア側は頑張らなくても済んだのに、と思うくらいです（笑）。スペシャリストの方が現場で蓄えてこられた多くの情報や知識を、どうやって世の中にうまく伝わるかどうかを考えていきます」

ここまで見てきた通り、障がいのある人の性は、ほんの数十年前までは「あってはならないもの」「タブー」として、メディア上で取り上げられることはほとんどありませんでした。取り上げられる場合も、子宮摘出手術や去勢といった、障がいのある人の性の存在自体を否定的に捉える文脈でした。

しかし、障がい者運動の高まりや研究者や専門家の努力、当事者団体による啓蒙や出版、非営利組織による広報活動を経て、障がいのある人の性の問題は、否定的な切り口、興味本位の切り口だけでなく、当事者の生活やニーズに基づいた切り口で、多くのメディアで取り上げられるようになっています。

もちろんメディアで取り上げられる回数が増えたからといって、それが直ちに当事者のQOLの向上に結びつくわけではありません。相変わらずの「タブーに切り込む」「感動的な美談」的な切り口での記事や報道は、これからも無くなることは無いでしょう。その意味では、まだまだメディアで取り上げられる回数は十分ではありません。報道されるべきテーマもたくさん残っています。

これからの時代に必要なことは、佐々木さんの言葉を借りれば、「真面目な切り口と、世間の人たちの興味をそそるような切り口をうまくミックスさせて、うまく障がい者の性の問題を伝えていくこと」です。

メディアの側には、「障がい者は皆天使である」あるいは「かわいそうな性的弱者」といった一面的なくくり方をせずに、当事者の置かれている多様な現実を踏まえた上で、丁寧な取材と情報発信をしていく姿勢が求められています。

一方、障がい当事者の側には、今抱えている問題が自分だけの問題ではなく、社会の問題であることを理解するため、そして自分とは異なる障がいや生きづらさを抱えた人に対する想像力を身につけるために、情報の発信者・受信者双方の立場から、メディアを活用していく姿勢が求められています。

そして障がいの無い人は、障がいのある人の性に関する記事やニュースを、単なる興味本位で消費するだけではなく、自らの性を見つめ直すきっかけとして捉えていく姿勢が求められています。

こうした三者の姿勢がうまくかみ合っていけば、そこから障がいのある人の性とメディアとの幸せな関係が生まれるのではないでしょうか。

エピソード3

障がい者の結婚推進事業「ぶ〜け」の挑戦

知的障がいのある人たちの「愛する人との暮らし」

「ふつうの場所で、愛する人との暮らしを」

これは長崎県の社会福祉法人・南高愛隣会のパンフレットに書かれている言葉です。

南高愛隣会では、知的障がいのある人が「ふつうの場所」＝住み慣れた地域で暮らせるように、生活介護から自立訓練、就労支援や共同生活援助（グループホーム）などの様々なサービスを提供しています。

そして知的障がいのある人たちの「愛する人との暮らし」を実現するために、ユニークな法人自主事業を行っています。障がいのある人の恋愛・婚活支援から、結婚生活・子育ての支援までを行う結婚推進室「ぶ～け」です。こうした支援を組織的・継続的に行う取り組みは、全国でも例がありません。

平成二五年版の「障害者白書」によると、在宅で生活している知的障がいのある人のうち、結婚している人はわずか二・三％です。統計的にも現実的にも、知的障がいのある人が住み慣れた地域で愛する人との結婚生活を送ることは、とても難しく思えるかもしれません。

そもそも知的障がいのある人はどこで恋人と出会うのでしょうか？　どのように告白し

て、どのようにお互いの愛情を深めていくのでしょうか？　デートに他人の力を借りなければいけない場合、周りはどこまでサポートすればいいのでしょうか？

仮に愛する人が見つかって結婚するとしても、周りの反対はないのでしょうか？　結婚した場合、夫婦はどこにどうやって住むのでしょうか？　家賃や生活費などのお金はどうやって工面・管理するのでしょうか？　毎日の家事や食事作りはできるのでしょうか？　きちんと避妊をした上でセックスできるのでしょうか？　妊娠中の健康管理は？　子どもが産まれた場合、赤ちゃんの寝かしつけや入浴、通院や服薬管理はどうするのでしょうか？　子どものしつけや教育は誰がやるのでしょうか？

知的障がいのある人の恋愛や結婚について真面目に考えれば考えるほど、頭の中にこうした疑問が次々と浮かんできます。そのため「知的障がいのある人が恋愛や結婚、はたまた出産や育児なんてできるわけがない」と思われるかもしれません。

しかし「ふつうの場所」で「愛する人との暮らし」を送りたい、という願いを持つこと自体は、言うまでもなくごく当たり前のものです。そして「ふつうの場所」で「愛する人との暮らし」を送る権利は、障がいの有無にかかわらず誰もが持っています。

「ぶ〜け」の現場で行われている支援の方法、そして当事者の人たちの声や思いを聞き取ることを通して、そこから全国の障がいのある人が「ふつうの場所」で「愛する人との暮らし」を送るためのヒントをつかんでみたい。

そう考えた私は、知的障がい者のライフコースにおける結婚支援の意義を明らかにするために「ぶ～け」と共同研究を行っている明星大学教育学部特任准教授の平井威《たけし》さんに案内して頂き、長崎県雲仙市にある南高愛隣会を訪れました。現地で「ぶ～け」担当職員の方々にお話を伺い、グループホームで結婚生活を送っているご夫婦の家にもお邪魔してきました。

以下、知的障がいのある人の結婚・子育て支援に携わる支援者と、実際に結婚生活を送っている当事者の声から、障がいのある人が「ふつうの場所」で「愛する人との暮らし」を送るための手がかりを考えていきます。

結婚推進室「ぶ～け」とは

二〇〇三年に発足した「ぶ～け」は、二〇一五年四月現在、知的障がいのある男性一一八名・女性八四名の合計二〇二名が登録しています。二一歳から六五歳まで幅広い年齢層の人が登録しています。

「ぶ〜け」では、障がいのある人たちの「ふつうの場所」での「愛する人との暮らし」を実現するために、以下の四つの支援を行っています。

一つ目は、出会い・恋活（婚活）のサポートです。登録者同士の出会いの場として、恋活パーティー、映画鑑賞やボウリング、クリスマス会やバレンタインデーなどのイベントを開催し、気になる人へのアプローチ相談、デートのコーディネートなどの支援を行っています。

二つ目は、夫婦・パートナー生活の応援です。現在、二六世帯が結婚生活やパートナー生活（籍を入れずに共同生活をすること）を送っています。そうした夫婦やカップルに対して、夫婦関係の困りごとの相談を受けたり、妊娠・出産・育児に関するアドバイスを行っています。

三つ目は、子育てのサポートです。七世帯ある子育て中の家族に対して、福祉制度の枠を超えて育児や子どもへのサポートを行っています。

四つ目は、自分磨き・スキルアップスクールの開催です。ファッション講座やメイク、お肌のお手入れやネイルなど、恋活や婚活に必要なスキルを学ぶ場を設けています。

結婚「支援」室ではなく、「推進」室という意欲的な名称からも分かる通り、「ぶ〜け」

では表面的な相談支援だけではなく、地域の中でスタッフが手足を動かして、カップルの関係や家庭生活にまで積極的に関わっていくスタンスをとっています。

現在、「ぶ～け」は専属職員三名、地域別担当スタッフ一四名の計一七名で運営されています。障がいのある人の恋愛や結婚を支援する際の基本的な姿勢として、「愛する人が出てきた場合に、職員の個人的な価値観を押し付けない。本人の思いを大切にすることを基本に進めていく」「本人の意見と親・家族の意見が違った場合は、本人の意見を優先する」「同性愛についても非難や差別をせず、愛することの尊さを共に喜び守っていく」などのルールを定めています。

設立当初は「寝た子を起こすな」という声も多かったそうですが、結婚生活やパートナー生活を始めるカップルのモデルケースができるにつれて、反対よりも賛成の声が多くなってきたそうです。「ぶ～け」ができたことで、公の場で堂々と交際ができるようになった、という当事者の声も届いています。

設立以来、「ぶ～け」のサービスは無料で提供していたのですが、平成二六年七月から有料（契約制）になりました。毎月の会費（二五〇〇円～五〇〇〇円）と各種イベントの参加料金が必要になったため、契約制に変更した当初は登録者数がガクンと落ち込んだそうです。しかし、すぐに登録者数は増加して二〇〇名以上になりました。それだけ恋愛や結婚支援に対する当事者のニーズが高かったことが窺えます。

第三者から意見をもらえる環境づくり

「ぶ〜け」設立当初、障がいのある人たちに「皆さんの恋愛や結婚を支援します」と伝えたところ、「本当に、自分たちが恋愛や結婚をしてもいいの？」という反応が返ってきたそうです。「自分たちのような障がいのある人間には、恋愛や結婚なんてできるはずがない」「障がいのある自分のことを好きになってくれる人なんているはずがない」と感じていた人が多かったのでしょう。

デートの際も、はじめは職員の側で待ち合わせ時間から場所まで手とり足取りコーディネートしてあげないとうまくいかなかったそうです。

しかし現在では、自分たちでデートのプランを立てて、その通りに実行できる人が増えてきたとのこと。事業を続けていく中で、登録者側の意識も変わってきたのでしょう。

デートの内容は、「ぶ〜け」の交流会への参加や食事、ショッピングをして過ごすカップルが多数です。夜のデートやホテルに繰り出す人はわずかで、「健全なお付き合い」をしていることが窺えます。ヘルパーが同行してデートする時もありますが、徐々に自分たちだけで計画・実施できるように支援していくそうです。

障がいのある人同士のカップルが交際から結婚・パートナー生活に至るまでには、多くの人の後押しが必要になります。家族や親類、友人や職場の仲間よりも、「ぶ〜け」担当者の個別支援、グループホーム世話人による支援が、交際や結婚の成立に大きく作用する場合が多いようです。障がいのある人が恋愛や結婚を成功させるためには、まず親からの自立＝親以外の第三者から意見やアドバイスをもらえる環境づくりが重要、ということが分かります。

男性の場合、母親との愛着関係が強すぎて、女性に対する理解や気遣いがおろそかになってしまうことも。また共同生活を始めると「年金をパートナーに持って行かれるのでは」と親戚が反対するケースもあるそうです。交際について、親が反対するケースもありますが、逆に「親が積極的になりすぎて困る」という声も上がっています。

パートナーを見つけられない人はどうする？

「ぶ〜け」に登録したとしても、本人の積極性や男女比の問題もあり、必ずしも全員がパートナーを見つけることができるわけではありません。パートナーを見つけられない人の中には、医療・介護面でのケアが必要な人や、多動のため見守りが必要になる人もいますが、多くは恋愛以前の問題として「生活上の課題が解決できていない」という部分に共通点があるようです。そのため、そうした人に対しては、基本的な生活マナーや身だしなみ、TPOに応じた服装、時間と金銭の管理、タバコの量を減らすなどの助言をしています。

なかなか自分から声をかけられない人には、どういう異性がタイプなのかを予め聞き出し、そうした女性と何気なく話すチャンスを提供する、などのコミュニケーション支援を行います。中には「誰とでもいいから付き合いたい」という人や、ネットやスマホのメール上のやりとりだけで付き合い始めてしまう人もいるので、きちんと相手と会って会話をして、お互いを知ってから付き合い始めるように助言しているそうです。ちなみに「ぶ〜け」の交流会をパートナー探しの場としてよりも、余暇活動の一つとして楽しんでいる人もいるとのことです。

中には、「異性の衣類（下着など）への固執がなかなか改善されない」など、障がいに関連した習慣や症状が理由で、異性との人間関係を築くこと自体が難しい人もいます。その場合、パートナー生活はすぐには難しい場合もあるので、まずは「茶飲み友達としてお付き合い」というケースもあるそうです。

「ぶ〜け」の登録者の中で、パートナー生活を送っている人の満足度はもちろん高いのですが、交際相手を見つけられていない登録者の満足度は、当然のことながらそれほど高くないようです。「ぶ〜け」は基本的に障がいのある人同士のマッチングになるので、「障がいの無い相手と付き合いたい」と考えている人は一般の結婚相談所等に行くこともありますが、結果的にうまくいかないことも多いそうです。

「一緒に暮らすこと」がゴールではない

多くの人の後押しを受けて、あるいは周囲の反対を押し切って、めでたく交際や共同生活が始まったとしても、それがゴールでは決してありません。自分やパートナーの気分の浮き沈みが激しかったり、性的な関心が一致しなかったり、パートナーに相談せずに勝手に買い物をしてしまったりと、付き合う前、一緒に暮らす前には見えなかった問題がどんどん出てきます。

支援者から見た問題としては、「外でデートをする際、公然とキスや抱きつきをするため、近所の人の話題になっている。注意するが、本人は気にしていない」「テンションが上がると変な声を出すので、近所から苦情が来たことがある」など、障がいのある人特有のトラブルが挙げられることもあります。障がいのために読み書きができない、電話が使えない、時計が読めないなどのハンディがある人には、それに応じた支援を行います。

しかし問題の大半は、実は障がいの無い人たちの恋愛や結婚生活とほとんど同じものです。「相手にプレゼントするために高額なアクセサリーをクレジットで購入してしまい、後で解約手続きをした」「電話代が数万円にまでかさんでしまった」「彼女が元彼の話をよくするため、男性が嫉妬している」「彼氏の過剰な嫉妬や束縛がある」など、良くも悪くも男女間のありふれた問題です。

結婚・パートナー生活を送っているカップルには、担当職員やスタッフが住まいを訪問して相談に乗っています。「妻が夫に強く当たってしまい、夫のストレスが溜まっているので、それぞれのイライラを聞く」「子どものしつけの助言をする」「掃除や洗濯をしないで外出されてしまうので、注意をする」といった日常的なものから、「夫が酔って暴れる時に仲介に入る」といった緊急的なものまで、幅広い相談に応じています。

ただ基本的には、当人同士で物事を決めてもらうのが原則です。職員やスタッフは、本人たちが分からないこと、相談したいと言ってきたことへのアドバイスに徹するという姿勢で支援を行っています。

家庭生活以外に、就労面でも相談に乗ることがあります。就労先の担当者と情報交換をしながら、職場先でのトラブルや人間関係の問題に対処しているそうです。

その他に、共同生活を送っている女性同士・男性同士での雑談会、入籍祝いなどの祝賀会、夫婦での日帰り旅行の助言等、イベントの企画・開催を行っています。共同生活を始める際に周りからきちんと祝福されると責任感も高まり、その後の夫婦関係が良好になるそうです。これは障がいの無い夫婦にもいえることでしょう。

子育てと性生活への支援

障がいのある人が子育てをしていくための支援は、今の福祉制度の中には全くといっていいほど存在していません。そもそも障がいのある人が結婚し、子どもを産み育てるということ自体が制度の中では想定されていないのです。このこと自体が大きな問題であるといえるでしょう。

そこで「ぶ～け」では、保育所・保健所・学校などの関係機関とのネットワークづくり、そして近隣住民のコミュニティや民間のサービスなど、地域に存在している社会資源の活用を通して、子育て支援を行っています。子育て中の家族の交流会を開いたり、両親が学校の先生と子育てについて話し合う場を設けたり、支援スタッフの意見交換・学習会も行っています。

子育て支援を行う上でスタッフが心掛けていることは、「子どもに親を尊敬させること」です。障がいのある親の場合、どうしても日常生活の中で注意や指導が必要な場面が出てきますが、子どものいる前で親を注意してしまうと、親に対する子どもの尊敬が失われてしまいます。そこで親を注意する時には面と向かって伝えるのではなく、後から電話で伝えるなどの配慮をしているそうです。

なお性生活に関しては、半数以上の世帯の夫婦が、男性側のコンドームではなく女性側のピル服用による避妊をしており、それを世話人が支援（服薬確認）しているそうです。確かに男性側のコンドームによる避妊では失敗する可能性があるのと、そもそも支援者がその場に立ち会って確認したり着け直したりできないので、ピルの服用が最も安全かつ確実なのでしょう。

結婚・パートナー生活を送っている人の実像

ここで明星大学の平井さんの研究から、結婚・パートナー生活を送っている人の等身大の姿を見てみましょう。

「将来誰と暮らしたいですか？」という質問に対して、「結婚相手（夫または妻）」「恋人」と答えた人が全体の半数を占めています。ちなみに、「親・きょうだいとの生活」「グループでの共同生活」と答えた人は一割程度でした。

これまでの「ぶ〜け」登録者の中で、実際に結婚・パートナー生活を実現することができたのは、三七組。中には別れたカップルもいますが、大多数のカップルは継続して共同生活を送っています。一〇年以上一緒に暮らしているカップルもいます。

結婚・パートナー生活を送っている人は、男性は四〇代後半、女性は四〇代半ばの人が多いです。結婚・パートナー生活を開始した年齢は、男性が三〇代後半、女性が三〇代半ばとなっています。

現在、結婚・パートナー生活を送っている人の八割近くは中卒で、特別支援学校高等部や全日制高等学校を卒業した人は一割前後でした。これは、結婚・パートナー生活を送っている人の年齢が四〇〜五〇代に集中しており、養護学校義務制の実施（一九七九年）以前、及びその前後に高校生年齢に達していたため、中卒で就労や施設入所した人が多いからだと考えられます。

職歴は、一般就労、福祉就労、もしくはその両方を経験している人が多い傾向にあります。一般就労と福祉就労がほぼ半数ずつで、働いていない人はいません。月額平均賃金は約八万円。全体の八割以上の人が障害基礎年金を受給しています。賃金と年金に家賃補助などの収入を足した月額総収入の平均は、約一四万円。「療育手帳所持者としては高所得な方ではないか」と平井さんは述べています。

居住歴を見ると「はじめは親の家で生活をしていたのが、入所施設などを経て、現在はグループホームで暮らしている」という人が多数派です。かつては、知的障がいのある人が結婚できるためには、日常生活の自立と就労による経済的自立が必要である、といわれてきました。しかし、一九八五年に障害基礎年金制度が創設され、一九八九年にグループホームが制度化されたことにより、知的障がいのある人の結婚をめぐる環境は大きく改善されました。

障がいの程度は、軽度の人が約半数を占めており、全体の二割の人に重複障がいがあります。

なお、結婚・パートナー生活はしていないが恋人と交際はしている人たち、現在恋人やパートナーを探している人たちのデータと比較すると、障がいの程度にはあまり差が無い、ということが分かりました。つまり、「障がいが重いから恋愛や結婚ができない」というわけでもなければ、「障がいが軽いから恋愛や結婚ができる」というわけでもないのです。

共同生活におけるトラブル

障がいのある人の共同生活で問題になるのは、お金の管理です。「全て本人が管理している」という人は全体の約半数であり、「小遣い程度の金額を本人が管理している」という人は約四割でした。「ほとんど支援者が管理している」という人はごく少数でした。お金の管理に関しては自立している人が多いです。ちなみにお小遣いとして自由に使える平均額は約二万円。

何らかの病気を抱えている人、服薬している人は全体の半数程度。てんかんや統合失調症などの重複障がい、二次障がいを抱えている人が多いため、国民一般の全国平均（平成二五年度国民生活基礎調査）と比べると、病気やケガなどの自覚がある人の割合、通院率は高くなっています。

福祉サービスの利用に関しては、共同生活援助（グループホームの利用）以外は、サービス等利用のための計画作成、行動援護・移動支援（ガイドヘルプ・外出支援）を除くと、あまり使われていません。生活保護や成年後見、居宅介護を利用している人もほとんどいません。対象者の障がい程度や所得水準から考えても妥当な結果だと平井さんは述べています。

共同生活におけるトラブルは、浪費や借金、ギャンブルや異性関係、近所とのいざこざといったありふれた問題から、「パートナーの女性が不在の時に、許可なく知人の女性をホームに招く」などの誤解を招く行為、「妻の財布よりお金を抜き取る」「酒を飲み過ぎて妻に手を上げる」といったＤＶ、子どもに対する虐待、他者に対する暴力や窃盗、性的加害といった深刻な問題まで、様々な報告が上がっています。少数とはいえ、パートナーがいても性的問題行動をしてしまう男性がいることからは、恋愛や結婚だけで性的問題行動が解決されるわけではないということが分かります。

「困った時に誰に相談するか」という質問に対しては、約六割の人が南高愛隣会の関係者（「ぶ〜け」担当者＋ホームの世話人＋職員）を挙げています。親やきょうだい・親類に相談する人は少数派です。本人の両親にも知的障がいがあるため、相談自体が難しいケースもあるとのこと。プライドが邪魔をしてしまい、なかなか素直にＳＯＳを出せないケースもあるようです。

なお、共同生活におけるトラブルのある・無しが、結婚できる人とそうでない人を分けているわけではないようです。障がいが重くても、共同生活でトラブルを起こす傾向があっても、結婚できる人はできる。障がいが軽くても、共同生活でトラブルを起こさない傾向があっても、結婚できない人はできない。こうした調査データからは、ある人にとっては希望を感じる現実、またある人にとっては失望を感じる現実が垣間見えてきます。

住まいと食事の現状

共同生活をしている世帯の大半は、実家ではなくグループホームで生活しています。グループホームというと、四～五名の人数で集団生活をする場というイメージがあるかもしれませんが、制度上の入居定員は二名以上からなので、カップルや子どものいる家族単位で入居することができます。

前に述べた通り、結婚・パートナー生活を送っている人は皆就労しているので、就労先に近いグループホームを選んだり、二人の就労先の中間地点にホームを創設したりする場合もあるそうです。二人暮らしの世帯がほとんどですが、中には子どものいる世帯もあります。

家賃は四万円台が最も多く、家賃と生活費を合わせた支出合計は、毎月二〇万円以下で押さえている世帯が半数以上です。二人分の収入合計が二〇〜三〇万円台の世帯が多いため、各世帯の毎月の収支に関しては、今回の調査では全て黒字だったそうです。

家計の管理は、全ての世帯が男性と女性が別々に通帳を管理し、必要経費のみを折半するという形を取っていました。障害基礎年金分を貯蓄に回すなど、毎月一〇万円以上を残している堅実な世帯もあれば、「何かあっても年金があるから大丈夫」と貯蓄をしない世帯もありました。子育てをしたいという人もいますが、そのために貯金が必要ということはなかなか理解してもらえないようです。

支援者は、キャッシュカードの管理法を助言したり、預かったり、通帳の記帳を一緒に手伝うなどの金銭管理支援を行います。浪費を避けるために、週ごとに分けて現金を渡している世帯もあります。浪費傾向がある場合、お金の使い方や節約方法の支援もします。カップルの一方が相手のお金を勝手に使い込んでしまうこともあるので、小遣い帳の確認を求めることもあります。

食事については、全ての世帯が南高愛隣会の就労継続支援事業所（A型、B型）の宅食サービスを利用しています。一日三食、このサービスを利用している世帯が大半です。毎日決まった時間に宅食センターから各家庭に調理済みの料理が保冷庫に入った状態で配達されるので、それを食器に並べて電子レンジ等で温めるだけで、あっという間に美味しい食事が完成します。毎日の生活の中から、食事や調理に関する家事労働をカットすることで、基本食材の購入・保管・調理にまつわるコストやリスク（包丁でのケガや、食材の腐敗、出火の危険性など）、そして栄養管理の手間を軽減することができるわけです。

共同生活で一番大切なことは、時間と労力をかけて毎日の食事を自力で作ることではなく、あくまで「愛する人との暮らし」を味わうことです。優先順位を明確にして、順位の低いものを大胆に外注していくことが、障がいのある人の結婚・パートナー生活に必要不可欠なのかもしれません。

なお「ぶ〜け」では、カップルが結婚・パートナー生活に入る前に、空いている法人所有の住宅を使って、必要な場合には性生活の支援も含む共同生活を数週間体験する「生活実習」という仕組みを用意しています。

「『生活実習』は、就労以前に企業等で実習を行い適性や課題を見極める『現場実習』の結婚生活版ともいえるもので、実体験を大切にしている知的障がいのある人の学習スタイルに合致したものとして、私には〝コロンブスの卵〟でした」と平井さんは語っています。

健康管理と家事支援

健康管理については、薬の管理、血圧の管理、通院の付き添いなどの支援を行っています。てんかんや喘息などの持病がある人もいるので、緊急時に対応できるよう警備会社と契約している世帯もあります。脊柱側弯の手術をしている女性がパートナー生活を始める際、二人で主治医の病院を訪れて、直接身体の状態を説明してもらったこともあったそうです。

家事支援に関しては、掃除や洗濯、入浴、身だしなみの整容、ごみ処理などの支援を行っています。ここで意外にも重要なのはごみ処理だそうです。例えば一人暮らしの高齢者の場合、家庭内のごみ処理がうまくできていないことが認知症のサインになることがあります。障がいのある人にとっても、家庭内のごみ処理がうまくできていないことが何らかの異変発生のサインになるそうです。「障がいのある人の家庭生活にとって、食事作りよりもごみ処理の方が大事であることが分かった」と平井さんはレポートの中で述べています。

障がいのある人が「他人のために生きる」ということ

「ぶ〜け」との共同研究レポートの終盤で、平井さんは「結婚・パートナー生活というライフコースのある人生は、これまでの障がい者福祉の文脈では目の当たりにすることがなかった事柄が語られている」とまとめています。確かに、知的障がいのある人の結婚や子育ては、これまでの制度上では扱われてきませんでした。

ただ、障がいのある人が結婚・パートナー生活というライフコースのある人生を送ることによって得られるメリットは、パートナーや子どものいる家庭生活といった表面的なものだけではありません。

結婚・パートナー生活を継続するために必要なこととして、「大切なのは、お互いに対して思いやりの気持ちを持つこと」を挙げる支援者が多かったです。これは、障がいのある・無しに関係なく、人と人とが共同生活を送る上での基本ではないでしょうか。ある支援者の方は、「一〇〇回のソーシャルスキルトレーニング（社会生活技能訓練）よりも、一回の恋愛」と語っていました。確かに、相手に対する思いやりの気持ちは、トレーニング

「ぶ〜け」でカップルが相談している様子

よりも実際の恋愛を通して育まれるものなのかもしれません。
また、「結婚やパートナー生活自体は、ゴールでもなければ自立でもない」という言葉も、印象的でした。実家で親と暮らしている人が、親元を離れて恋人とグループホームで暮らすようになった場合、それ自体がゴールや自立と捉えられがちですが、暮らす相手や場所が変わっただけで、生活課題はそのままであることが少なくありません。引き続き、本人の努力と周囲の支援が必要です。
パートナー生活をしている人は、自分のために過ごす時間（余暇活動）が少なく、他人のために過ごす時間（家事や育児）が多い傾向にありました。健康に留意するなど、パートナーや子どもに対する責任感が見て取れることもありました。つまり、「自分のため」でなく「他人のため」に行動し、考えるという習慣が育まれているのです。

「ふつうの場所」で、「愛する人との暮らし」を送ること＝結婚やパートナー生活を選択できるライフコースの最大のメリットとは、ともすれば自分のことだけで精いっぱいになってしまいがちな障がいのある人が、他人のために生きたり、他人を思いやったりすることができるようになることなのではないでしょうか。

障がいのある人にとっても無い人にとっても、自分という名の檻《おり》から抜け出すため、固く閉ざされた性愛の扉を開くためには、他人という名の「鍵」を手に入れることが必要になるのですから。

［参考文献］
平井威（二〇一五）知的障害者のライフコースにおける恋愛・結婚支援の意義〜Ａ社会福祉法人独自事業結婚推進室Ｂの量的調査から〜（発達障害支援システム学研究第一四巻第二号）

エピソード4

きょうだい・子どもの立場から見る障がい者の性

障がいのある人の性を、家族の視点から考える

これまで障がいのある人の性の問題がメディアや公の場で語られる際は、障がいのある本人のみにスポットライトが当てられていました。しかし障がいのある人の性の問題の当事者は、実は障がいのある本人だけではありません。

障がい者福祉の世界には、「家族の自立無くして、本人の自立無し」という言葉があります。障がいのある人は、精神的にも経済的にも一緒に生活している家族の影響を大きく受けます。周りの家族に自立している人がいなければ、障がいのある人も自立することは困難になります。同じことは性の分野についても言えます。

つまり、家族の性的自立無くして、本人の性的自立無し。家族が性の問題を受け入れられない場合、本人も性の問題を受け入れられなくなります。また本人が性の問題を抱えている場合、それが家族に伝播したり、次世代の子どもにも連鎖したりすることがあります。

エピソード４では、これまでほとんど語られることの無かった「障がいのある人のきょうだい」及び「障がいのある親のいる子ども」にスポットライトを当てて、家族という視点から、障がいのある人の性の問題をより深く考えていきます。

「親は半生、きょうだいは一生」

同志社大学の社会福祉学科で働いている研究者の松本理沙さんは、知的障がいと自閉症を持っている三歳年下の弟がいます。弟は特別支援学校を卒業した後、平日は通所施設に通い、月に二〜三回程度、ショートステイやガイドヘルパーによる外出支援を利用して生活しています。

障がいのある弟の存在がきっかけになり、松本さんは福祉を進路に選びました。研究と並行して、障がいのある兄弟姉妹を持つ人（以下きょうだい）の会＝「きょうだい会」の運営に関わり、その中で二〇〜三〇代の同世代をメインで集めた会を任意で立ち上げて運営しています。

松本さんは、障がいのある人のきょうだいについて、次のように話しています。

「平成二五年版の『障害者白書』によれば、知的障がいのある人の九四・七％は、主に親やきょうだいなどの家族と同居して生活しています。一方、配偶者のいる人は身体障がいや精神障がいと比べて少なく、二・三％に留まります。家族と同居している人は多いのに、配偶者のいる人は少ない。つまり知的障がいのある人に関しては、他の障がいと比べて、生活の中での様々な局面できょうだいが関わる場合が多いのです。

『親は半生、きょうだいは一生』という言葉があります。親は、障がいのある子どもが産まれてから（半生）の付き合いですが、きょうだいは、年齢差が大きくなければ、子どもの頃から高齢になるまで、人生のほぼ同時期（一生）を生きる唯一の家族です。

そのため、障がいのある兄弟姉妹のいる人は、親とは異なる立場で異なる体験をすることになります」

研究者、そして当事者としての立場から、松本さんに「きょうだいの立場から見た、障がいのある人の性」についてお話を伺いました。

障がいのある兄弟姉妹がいる生活

「性の話をする前提として、まず障がいのある兄弟姉妹がいる生活がどのようなものか、そして、当事者が日々の生活の中でどのような葛藤や悩みを抱いているかを理解して頂きたいです」と松本さんは語ります。

知的障がいのある兄弟姉妹は話し相手やケンカ相手になりにくく、争いをしかけることに罪悪感を持ってしまうため、あまりケンカをしないという人もいます。

子どもの頃は知的障がいや自閉症というものがよく分からなくて、「どうしてうちの弟は何もしゃべらないのだろう」と思っていたけれど、なんとなく親や周りの人に聞いてはいけないことなのではという空気を感じて、ずっと聞けずにモヤモヤしていたという人もいます。

親の態度がきょうだいの間で異なる場合、障がいのある兄弟姉妹が怒りや嫉妬の対象になるケースがあります。例えば、障がいのある弟に対しては親が過保護で甘やかしているのに、兄の自分に対しては厳しいと感じる場合、「なんで弟だけ甘やかされているんだ」という怒りの感情が湧いてきたり、反対に「障がいのある弟が一番大変なんだから」と我慢して優等生を演じたりする。中には「障がいのある弟ばかりでなく、自分をもっと見てほしい」という動機で兄が非行に走ったり、メンタルヘルスに問題を抱えたりすることも。

年上のきょうだい（兄・姉）に障がいがある場合、自分が兄や姉の能力を超える時が訪れるため、「本来世話をしてもらう立場の自分が、なぜ世話をしなければいけないんだろう」という葛藤が生じることがあります。

統計上は二人きょうだいの家庭が多いので、きょうだいの立場の方が「自分一人でどうやって家族を支えていけばいいのか」と悩むことが多いようです。

また、例えば長男・長女・次男の三人きょうだいのうち、次男に障がいがある場合、長男と長女の間で「長女は障がいのある次男のケアをしているけど、長男は何もしていない」などの不公平感が生じ、それがトラブルにつながる場合もあります。きょうだいの人数が多いからといって、必ずしも問題を分かち合えるわけではない。一般に男性よりも女性の方が、障がいのある兄弟姉妹をケアする役割を与えられる傾向にあります。

親からの二つのメッセージ

親から伝えられるメッセージは、大きく以下の二つに分かれます。

一つは、「将来は、あなたが私（＝親）の代わりになってね」

二つは、「あなたは何も気にしなくてもいいからね」

後者について、きょうだい会に参加している当事者の間では、「何も気にしなくてもいいと親に言われていても、気にせざるを得ない状況があったりするよね」という話題が出るそうです。

親によっては「〇〇君のことは外で話しちゃダメだからね」と言って、自分の子どもの障がいを隠したがる。そうなると、きょうだいの立場の子どもは精神的な負担を抱え込むことになってしまいます。またひとり親家庭の場合、きょうだいの立場の子どもの家庭内の役割負担がより大きくなる傾向があります。

友達にも言えない生きづらさ

障がいのある兄弟姉妹がいることで、余暇の時間が削られて、同世代の友達と話が合わなくなる。友達を家に呼べない。いじめやからかいの対象になる。作文で「家族のことを書いたらどうですか」と先生に言われるなど、福祉教育の場面で「障がいのある兄弟姉妹のいる人」という役割を背負わされることが辛い……などなど、様々な生きづらさが生じます。

日常生活の会話の中で「きょうだいっているの?」と聞かれた時に、どこまで、どうやって話せばいいのか悩む人も多いです。松本さん自身も中学生の時、障がいのある弟がいることを友達に正直に話したら、友達から「ごめん」と言われた経験があるそうです。「そういった気まずい空気になるのが面倒だから、隠してしまうこともありました。きょうだいに障がい者がいる人は優しい、というイメージがありますが、そういうふうに決めつけられるのは当事者としてはしんどいなと思います。もちろん実際にそういう性格の人もいますが、決めつけはダメだと思います」

進路・就職・結婚への影響

障がいのある兄弟姉妹の存在は、進路や就職にも影響を及ぼします。きょうだい会でも「実家から通える進学先・通勤先を選んだ方がいいのでは」「転勤が無い会社を選ぼうと思った」「医療福祉関係の進路を選んだ方がいいのかな」という声が聞かれたそうです。「家族のことをいつ話そうかと考えるのが億劫だから」という理由で、恋愛自体に消極的になる人も。結婚に関してはパートナーの理解があるかどうかも大切になります。仮にパートナーの理解があっても、その親や親族にどこまで理解があるかも影響してきます。子育てに関しても、遺伝が気になったり、自分の子どもの育児と障がいのある兄弟姉妹の世話が両立できるのか悩んだりすることもあるそうです。

ここまで障がいのある兄弟姉妹がいる立場の人が、普段の生活で感じている思いや体験を紹介してきました。様々な生活上の制約に加えて、周囲に理解者や相談者がいないために、どうしても自分一人で問題を抱え込んでしまい、社会的に孤立した立場に追いやられてしまう。ただでさえそうした困難な立場にあるのに、さらに他人に話しにくい「障がいのある兄弟姉妹の性」問題が絡んでくると、孤立感はますます深まってしまう。きょうだいの立場の人が置かれているこうした前提を踏まえた上で、本題の性の話に入りましょう。

異性きょうだい間の着替え介助

松本さんの弟は知的障がいの最重度の判定を受けており、入浴や着替え等の介助が必要です。松本さんも姉として介助を頑張っていたのですが、大学生の頃、ある朝に高校生の弟の着替え介助をしていたら、弟の性器が勃起したことがありました。

その時、彼がどのように感じていたのか、そして羞恥心があったのか否かについては本人が言葉をしゃべれないので分からなかったのですが、それ以来、松本さんは弟の着替え介助に抵抗を感じるようになり、介助できなくなりました。今は代わりに親にしてもらっている状況だそうです。

「これから親が高齢化していく中で、どうしていけばいいかという悩みはあります」と松本さんは言います。

全国きょうだい会の総会の分科会で、松本さんが有志を募って障がいのある人の恋愛と性の問題に関するディスカッションを行ったところ、「きょうだいの立場だと、どうしても障がいのある人の性的欲求を認められないと感じる」という意見が多く出されたそうです。

「就労支援というテーマだとスッと認められるのに、なんで恋愛や性になると認められないんだろうね」という声も出ました。

異性きょうだい間のケアという難題

ディスカッションの中では、異性きょうだい間のケアも話題に上りました。障がいのある男性のケアに関しては、女性のきょうだいがケアの担い手を引き受ける傾向にあります。福祉の現場では同性介助が基本なのに、家族の中ではそれが通用しない。特に障がい者本人が男性の場合、本当はケアを任せたい父親が消極的であるため、どうしても女性きょうだいの役割が大きくならざるを得ない。

知的障がいの兄を持つ女性は、「周りが介助して当然と考えているから、自分がしている」と言います。「障がいのある兄の性的処理の手伝いをしなければならず、悩んでいる」という女性の事例もあったそうです。

また知的障がいの妹を持つ男性から、「妹のトイレ介助をしているけれども、配偶者にも頼めないし、仕方がない」という声が出ました。仮に周囲が「おかしい」と言っても「じゃあ誰が代わりにやってくれるの?」となる。

そういった現実がある一方で、「お兄ちゃんは異性だからしなくていいよ」と親から言われたという人もいる。異性のきょうだい間でのケアについて、男性が障がいのある姉や妹のケアをすると性的虐待を疑われるのに、その逆だと疑われないのは確かにおかしい。

その反面、「親が過度に気にしすぎていて、逆に面倒臭い」という人もいました。知的障がいのあるお兄さんがお風呂から全裸で出てきた時に、親がすごく急いで走ってバスタオルでパッと身体を隠す。妹の立場から見ると、「そんなにあわてなくてもいいのに」と感じることもあったそうです。

性に対する価値観は、人によってバラバラです。ある人にとっては何でもないことが、別の人にとっては耐えがたいことになる。そうした多様性がある世界で、異性きょうだい間のケアの問題を含めて、どのように障がいのある兄弟姉妹の性問題を発信していけばいいのでしょうか。松本さんはこう語ります。

「明確な答えは無いと思うのですが、まずきょうだいのニーズを支援計画に反映できる環境を整えることですね。計画を作成する際に、異性のきょうだいがいるからそういうケアは家ではできない、と当たり前に言える空気が大事だと思っています」

きょうだいの立場から見る、障がいのある人の恋愛と結婚

障がいのある兄弟姉妹の恋愛・結婚に関して、ディスカッションの参加者の中からは「彼氏や彼女ができたというレベルは認められるけど、それ以上、キスをするとかそういった場面は許しがたい」という声が出ました。現状では支援制度の手薄さもあり、きょうだいの立場からは、なかなか恋愛や結婚は認められないのかもしれません。

「軽度知的障がいの妹が何回も妊娠と中絶を繰り返していて、とても辛い」という事例もあります。障がいのある女性の妊娠や中絶に関しては、本人の行為や支援だけが注目されがちですが、きょうだいの立場の人も当然ですが心を痛めています。そういった点も今後着目されていくべきでしょう。

恋愛や結婚、妊娠や出産などのライフコースに関わるイベントは、第三者の立場から見れば応援できることでも、身内となるとなかなか許しがたいと感じることが多いようです。しかし、「許しがたい」と感じること自体を「価値観の押し付けだ」「本人の自己決定を阻害する」と否定されてしまうと、きょうだいたちも辛くなってしまいます。

きょうだいも、ある意味では当事者なのです。障がいのある兄弟姉妹の性というセンシティヴな問題に対して、本人と親の間、きょうだいとの間に価値観の違いがある場合、そ

れを無理に埋めようとしたり、無かったことにしたりするのではなく、まず違いがあるという事実をきちんと認め、その上で外部の支援者への相談を交えながら解決策を考えていくことのできる環境を整えていく必要があるでしょう。

最後にディスカッションに加わってくださった方の感想の中から、松本さんの印象に残っているものを一部抜粋して紹介します。

「基本的に私たち（＝障害のない人たち）に許されることは、障がいのある兄弟姉妹にも許してあげたい。しかしその過程で、障がいのある人の生き方をどこまで私たちが許容できるかが問題になる。許容できないのは、それだけ私たちと社会が育っていないからなのではないでしょうか」

精神障がいのある親を持つ子ども

鈴鹿医療科学大学で精神看護学を教えている土田幸子さんは、精神障がいの親のいる子どもへの支援に取り組んでいます。児童精神科で看護師をしていた土田さんは、学校や家庭の問題から不適応症状を起こす子どものケアに携わってきました。

大学の教員として働くようになってから、遅刻しがちだったり、忘れ物が多かったり、生活が乱れているように感じる学生に出会う機会がありました。また日によって話す内容が変わる学生もいました。

なぜ昨日と今日で言うことが違うんだろう、なぜ明らかに分かる嘘をつくんだろう、と思っていたところ、親が障がいを持っていること、そしてそれを周囲に言えないことが背景にあるらしい、ということが後々分かってきました。

そういった学生たちに対して、教員としてどのように関わっていけばいいのだろうかと土田さんは悩んだのですが、障がいのある親を持つ子どもに関する文献や研究はほとんど存在せず、子どもの思いや生活状況も明らかにされていませんでした。

そこでこうした現状に一石を投じるべく、土田さんは仲間と一緒に二〇〇九年から「親&子どものサポートを考える会」を立ち上げました。障がいのある親を持つ子ども同士が語れる場をつくり、支援者向けにこうした親子のことを理解してもらうための研修を行っています。

障がいのある人の社会参加が進むにつれて、障がいのある人の結婚・出産・育児に関することも話題に上るようになってきました。そもそも、障がいのある人の権利が公の場で主張されるようになった一九六〇年代に、障がい者と健常者がお互いに区別されることなく、共に社会生活を送ることが望ましい姿であるとするノーマライゼーションの理念が北欧諸国で生み出された背景には、障がいのある人を施設に閉じ込めるのではなく、地域の中での暮らしを推進することを通して、障がいのある人にノーマルな結婚生活を送ること、及び子どもを持つことを保証するという目的がありました。

二〇一四年に日本でも批准された障害者権利条約には、障がいのある人が自らの意思と責任で子どもの数や出産の間隔を決定する権利、そしてそのために必要な情報及び教育を享受する権利が明記されています（第23条　家庭及び家族の尊重）。

障がいのある人が、安心して子どもを産み育てられる社会を実現すること。これは障がい者福祉の最終目標といってよいかもしれません。

しかし障がいのある人の結婚・出産・育児には、決して美談やきれいごとだけでは語れない様々な困難や課題が待ち構えているのが現実です。そうした困難や課題は、障がいのある本人だけでなく、家庭の中で最も弱い立場にある存在、すなわち子どもの生活や心身の健康状態に大きな影響を与えます。

以下、障がいのある人の性を考える上で避けては通れない「障がいのある親を持つ子ども」の問題について、精神障がいの領域を事例にして考えていきます。

精神障がいのある人の恋愛や結婚の現状

精神障がいのある親を持つ子どもの問題を考えるための前提として、精神障がいのある人の恋愛や結婚の現状を解説します。

精神障がいのある人たちの恋愛や結婚に関しては、実現までに様々な壁があります。まず障がいのために本人の意欲と社会性が低下してしまうことが最初の壁になります。思春期に発症することが多いため、恋愛に必要な知識やスキル、社会経験をそもそも身につけられないこともあります。それに加えて、治療の場における周りの支援者の態度が壁になる場合もあります。

例えば、病棟の看護師は、中途半端に話を聞いてしまうことで本人の性愛行動を引き出してしまうことを恐れるところがあるので、治療環境を整えるために本人の性愛行動を批判・制限してしまう……といったことがあります。

妊娠中の服薬の中断によって、病状が悪化することもあります。専門家の指導があれば薬を飲みながら出産できるのですが、そうした専門的な支援技術があまり普及していないという問題があります。子どもが生まれても育てられないのでは、という本人や周りの心配があるため、出産までつながらないこともあります。

こうした反面、知識や社会性の無さゆえに、望まない妊娠をしてしまうケースもあります。海外のデータでは、妊娠した統合失調症の女性の半数は、計画的ではない望まない妊娠であったという報告や、障がいのために十分なケアができないことから妊娠・出産に伴う合併症のリスク、母体や新生児の死亡率が高くなるという報告があります。

つまり、普通にパートナーとめぐり合って、家庭を築いて、子どもに恵まれた家庭を築いていくことが実現しにくくなっているのです。

二〇一〇年に全国精神保健福祉会連合会（みんなねっと）が実施した一四九二名の家族会員（家族のいずれかが精神障がい者であり、そのうちの八二％が統合失調症）に実施した調査によると、精神障がいのある人が結婚している割合は全体の八％でした。このうち、子どものいる人は七二％。結婚している人自体は少数派ですが、結婚している人の大半は子どもを持っていることが分かります。

しかし子どものいる人の中で、自分で子育てをしている人の割合は全体の三八％に留まります。結婚して子どもをつくることができたとしても、半数以上の人は自分で育てるだけの能力や環境、経済状況が足りない、という厳しい現実が見えてきます。

精神障がいのある人にとって結婚・出産・育児は、生きる喜びの源になる反面、多くの困難や苦労がつきまとうものになります。そして精神障がいのある親に育てられる子どもにも、そうした困難や苦労は降りかかってきます。

現行の制度では、障がいを持つ親は支援の対象になっても、その家族や子どもは対象になりません。しかし、当然ですが子どもは大人の養育や保護が無いと健全に育つことはできません。近年、精神医学やコメディカル（医師以外の医療従事者）の学会や研究会で、精神障がいのある人の恋愛・結婚・子育てに関心が集まるようになった背景には、二〇〇〇年の児童虐待防止法の成立に伴い、子どもへの虐待問題に対する社会的な関心が高まったことがあります。

精神障がいのある親が悩んでいることは？

「精神障がいのある親」と一言で言っても、その実態は極めて多様です。統合失調症、うつ病、双極性障害、強迫性障害、パーソナリティ障害などの様々な障がい・症状の人がいます。

例えば、統合失調症では、思考や感情の統合が困難になります。うつ病では、思考の抑制が起こって考えが浮かんでこない状況になります。強迫性障害は、強迫性の症状に囚われているので落ち着いて物事を考えることができなくなります。

日常生活の中で、物事を順序立てて考えることができないと目的に沿った行動ができなくなり、言動もまとまりません。そのためご飯を作ろうとしても、献立を考えて買い物に行くことが難しかったり、行ったとしても予定外のものを買い込んでしまったり、臨機応変に対応することが難しかったりするなど、ありふれた〝ご飯を作る〟という行為も、精神障がいを伴うと大変な行為であることが分かります。

土田さんによれば、精神障がいのある親を持つ子どもの中には、「うちのごはん、いつもキャベツの上に目玉焼きだった」という人もいたそうです。しかし、このような背景を考えると、そのお母さんは愛情が無かったわけでも、手を抜いていたわけでもなく、子どもにご飯を食べさせなければならない、という思いの中で精いっぱいやっていたのかもしれないということが分かってきます。

精神障がいによって他者への関心が持てなくなったり、感情のコントロールができなくなったりしてしまうと、子育てにおいても、子どもに関心を向け、子どもの要求に応じた反応を返すことができなくなります。子どものケアができない、子どもの要求に応えられないといった状況は、結果的に虐待と同じように見えてしまうこともあります。

セルフスティグマの問題

障がいのある親の子どもの支援を始めた後、土田さんはある医療関係者から「親の病気に気づいていない子どもに、そのことを話して気づかせて、落ち着いている心をかき乱してどうするんだ。何かがあったら誰がフォローするんだ」と言われたことがありました。親の障がいの問題は、開けてはならない「パンドラの箱」だと思われていたようです。

しかし実際に当事者の話を聞いてみると、子どもは決して落ち着いていたわけではなく、不安を悟られないように適応的に振る舞っていただけ、ということが分かってきました。

医療の現場でこうした子どもの存在が見過ごされてきた理由について、土田さんはこう考えています。

「医療者は、目の前に現れている症状を『点』として＝現象としてしか見ていない傾向があります。症状の消失や軽減だけを目的にしているため、その症状がどのような状況で生じているのか、その症状があることがご本人や家族の生活にどのように影響するのか、それがずっと続くとどうなるのか……といった文脈の部分まで予測しながら関わることが苦手なのだろうと思っています」

土田さんたちの調査によれば、多くの子どもは親の障がいについて、親本人もしくは周囲の大人から説明を受けていませんでした。親自身が持つセルフスティグマ（自分自身への負のイメージ）があり、自分に障がいがあることを伝えてしまうことで子どもを傷つけたくないという配慮があったのだろうと推測されます。

精神障がいの症状は、独り言を言いながら徘徊したり、一日中寝てばかりいたり、子どもの目から見ても何かおかしいと感じることが多いです。それなのに誰も何も説明してくれない。むしろ周りは隠そうとする。

そういった状況に置かれた子どもは、「家の中で何かおかしいことが起こっているけど、誰もそのことについて触れない。だから、これは子どもが関与してはいけないことなんだ」「隠さなければいけない、人に言ってはいけないことなんだ」というスティグマを強めていきます。

何が起こっているのか分からない不安を抱えて、場合によっては「これは自分のせいなんだ」「自分が悪いからだ」と思い込んでしまうこともあります。

子どもは誰でも親から関心を注がれ、認められることを望んでいます。しかし親に精神障がいがある場合、子どもの要求を敏感に感じとる感受性や、要求に対して素早く愛情豊かに応える応答性が低下するため、子どもは親から受け入れられたという感覚を持ちにくくなります。そうした子どもは「私が悪い子だから」と自分を責めてみたり、親の期待に添うような「よい子」になろうとして、親の顔色を窺いながら自分の希望や感情を押し込めたりして生活することになります。そうした生活がずっと続くと、子どもは自分が何をしたいのか、どうありたいのかが分からない状態になってしまいます。

躁うつ病やパーソナリティ障害の場合、感情の波（気分のムラ）があるため、日によって、あるいは状況によって、親から異なる対応（昨日は「いい子いい子」と言ってくれたのに、今日は全然話を聞いてくれないなど）を取られるため、子どもの混乱・親へのしがみつきはさらに増し、〝自分が分からない〟といった状況も重症化します。

「子どもが〝自分がない〟ことに気づくのは大人になってからです。社会に出て自分の意見を求められたり、人と自分を比較するようになってから、〝自分がない〟ことに苦しんで精神科を受診したりする方が結構多かったです」と土田さんは語ります。

「私の話は聞いてもらったことがない」

家庭内で、他の家族からの精神的なサポートは無かったのでしょうか。土田さんたちの調査によれば、統合失調症の親を持つ子どもの場合、半数以上の人が「いてもあてになららなかった」と回答しています。母親が病気だったとしても、父親は仕事に出かける。飲みに行く。家にあまりいない状況が続いていたのでしょう。

中には「親のプライドを守るためにSOSを出せなかった」「親のことは誰にも言わずに、墓場まで持って行くつもりだった」という人もいました。誰にも弱音や愚痴を吐けず、親を一人で抱え込まざるを得ない状況が浮かび上がってきます。

子どもが家事やきょうだいの世話、家庭内の取りまとめなど、親のできなくなった役割を担っている場合に、親から「○○ちゃんはいいわね〜。私はできないのに。ご飯も上手に作れていいわね〜」と悪気も無く言われることがあるそうです。こうした親の言葉に、「お母さんの世話を上手にできることも、お母さんを苦しめることになるのか」と悩み傷ついていた子どももいます。親子関係には、元々親が子どもをケアするという上下関係があります。そのため、親の側に子どものケアを受けることへの抵抗感が生じたり、子どもの側にも親に指図することへの抵抗感が生じたりする場合があります。親子という上下関係があるがゆえの難しさがここにあります。

こうした状況下で、子どもは「結局誰も助けてくれない」と思い込み、不安や孤独、寂しさといった感情を全て一人で抱え込んでしまいます。土田さんたちの調査の中では、多くの当事者の方が「私の話は聞いてもらったことがない」と言っていたそうです。

成人した当事者の人たちに、「子どもの頃にあったら良かったと思う支援は何?」と尋ねたところ、「話を聞いてくれる大人の存在」という答えが最も多く返ってきました。

障がいのある親のいる家庭では、どうしても「お母さん大丈夫?」「お母さんどうしてる?」というように、親の障がいを話題にして話が進んでしまいます。それだけではなく、子どもに対して「あなたはどうしたいの?」というふうに、子ども自身を主語にして本人の思いを聞いてくれる人が周りにいれば、子どもにとっては大きな助けになったはずです。

親の障がいに巻き込まれずに育った人の共通点は?

一方、同じ状況にありながら、親の障がいに比較的巻き込まれずに育った子どももいます。土田さんたちの調査から分かったそうした人たちの共通点は、以下の三つです。

一つ目は、親の障がいについて説明を受けていたこと。

二つ目は、親自身が障がいにオープンで、色々な姿を子どもに見せていたこと。

三つ目は、他の家族や教員のサポートがあったこと。もしくは障がいを持つ親と情緒的な交流ができていたこと。

障がいについて説明を受けていれば、「これは病気なんだ」「誰にでも起こることだから、特に恥ずかしいことではない」と客観的に捉えることができ、子どもが自分を責めることが少なくなります。症状への対処法も教えてもらうことができるので、周囲に支援を求めやすくなります。もちろん、ただ障がいのことを伝えればいいのではなく、年齢や理解力に応じた伝え方が必要になるでしょう。また伝えた後のフォローを丁寧に行うことも大切です。

親自身がオープンになれば、障がいを秘めごとにしなくてもよくなるため、子どもが「人に言ってはいけない」と感じて精神的な負担を抱え込むことも減ります。

他の家族や教員によるサポートがあれば良かったというのは、それだけ受け止めてくれる人の存在が必要だということです。受け止めてくれる存在としては、子ども自身に関心を持ち、子ども個人を尊重する関わりを持つことができていれば、障がいのある親自身でも良いことが分かりました。

つまり親子の境界線を明確にして、一人の人間として子どもを尊重する関係や生活環境をつくることができているかが重要になります。子どもは親や家庭から離れる時間が無いことが多いので、時には離れて自分の時間を持ってもらうことも大切です。子どもの家事負担を減らすためには福祉サービスとの連携も必要になるでしょう。

またこうした子どもへの支援としては、応答性が乏しく話しかけの少ない親に代わって、周りの大人から子どもに話しかけてもらうことが大事である、と土田さんは言います。

「自己否定的な感情を持つ子どもさんには、自分や自分の生活を大事にしてもいいんだよと伝えることが必要です。まず子どもさんの存在を認めることが大事。親の面倒を見るばかりでなく、子どもらしさがあってOKなんだよ、と。

子どもさんは、障がいを抱える親御さんと周りの関わりを見て育っています。周りの大人が障がいを持った親御さんに対して丁寧に接する姿勢を見せていくことが、子どもさんの親御さんに対する思いを高めるきっかけの一つになると思います」

「パンドラの箱」から「半透明のクリアボックス」へ

ここまで「障がいのある人のきょうだい」及び「障がいのある親のいる子ども」という立場から、障がいのある人の性の問題を見てきました。

いずれの立場にも共通することは、障がいによって家族間の意思疎通や社会との交流が妨げられていることです。そうしたコミュニケーションの風通しの悪い環境の中で、さらに口に出しにくい性にまつわる問題が起こることによって、当事者たちのスティグマが悪化し、さらにコミュニケーションの風通しが悪くなる……という悪循環があります。

障がい者のいる家庭が、決して開けてはいけない禁断の「パンドラの箱」ではなく、必要に応じて外部からもそれなりに見通すことができ、開閉も積み重ねも加工も自由にできる「半透明のクリアボックス」のような柔軟な存在になっていけば、性の問題で悩む当事者やその家族を減らすことができるのではないでしょうか。

コミュニケーションの風通しの良い社会は、障がいのある人とその家族だけでなく、障がいの無い人にとっても、息をしやすい、生きやすい社会であることは間違いありません。「パンドラの箱」から「半透明のクリアボックス」にしていくためには、障がいのある人の抱える問題、そして障がいのある人の家族が抱えている問題を家庭内だけに押し込めずに、地域全体、そして社会全体で支えていくための仕組みづくりが必要です。障がいのある家族の性の問題を家庭内だけで抱え込むことは、百害あって一利なしです。

これまでのエピソードで述べてきたように、障がいのある人にとって性的な自立は社会的な自立につながります。そう考えると、障がいのある家族の性と向き合い、家庭の外にいる支援者や制度の力を借りながら、本人の性的自立、そして社会的自立の達成を目指していく姿勢こそが、家族という「パンドラの箱」を「半透明のクリアボックス」へと変化させるための魔法の杖になるのかもしれません。

エピソード5

障がい児の性教育

性教育の過去・現在・未来

障がいのある人の性に対する支援の中で最も重要であり、かつ過去数十年にわたって多くの実践や研究の蓄積がなされている分野が「障がい児・者への性教育」です。

これまでのエピソードで見てきた通り、障がいのある人が自分の障がいとうまく折り合いをつけて自己肯定感を獲得し、自立生活や社会参加を行っていくためには、自分の性と向き合うことが欠かせません。そして自分の性に向き合うための知識や情報を学ぶためには、適切な時期に、適切な相手から、適切な内容の性教育を受ける必要があります。

最も重要な支援であるにもかかわらず、あるいは最も重要な支援であるからこそ、障がい児への性教育は、学校や福祉の現場で目を背けられ、場合によっては黙殺や放置、バッシングの対象になってきました。

障がい児の性教育がこれまで歩んできた道を振り返り、そしてこれから進むべき道を考えることは、私たちが障がいのある人の性に対する支援の在り方を考える上で、大きなヒントになるはずです。

エピソード5では、障がい児の性教育の過去・現在・未来について、日本福祉大学社会福祉学部教授の木全《きまた》和巳さんにお話を伺います。

木全さんは長年障がい児・者の性教育を研究・実践されている専門家です。『〈しょうがい〉のある思春期・青年期の子どもたちと〈性（セクシュアリティ）〉――おとなになりゆく自分を育む』（二〇一一年：かもがわ出版）、『児童福祉施設で生活する〈しょうがい〉のある子どもたちと〈性〉教育支援実践の課題』（二〇一〇年：福村出版）などの著作、『知的障害のある人たちの性と生の支援ハンドブック』（二〇一四年：クリエイツかもがわ）、『Q＆A思春期のアスペルガーのための恋愛ガイド』（二〇一二年：福村出版）などの翻訳書を数多く出版されています。

性の問題は「一人ひとり本当に違う」

木全さんは、障がいのある人たちの相談支援の場で困難なケースが生じた場合、本人・家族をどう地域で支えていくかに関する研究に携わっています。現場では、被害・加害を含めて性に関するあらゆる相談が入ってくるそうです。

「例えば、肢体不自由の人がヘルパーに対してセクハラまがいのことをしてしまうため、派遣を断られてしまうことがあります。ヘルパーがいないと生活できないので、本人が自分の性とどう向き合っていけばいいのか、それに対して周りはどう関わっていけばいいのかについて、支援者や関係者を集めて考えていく。そういう積み重ねをしています。相談の内容や支援の方法は、性別・年齢・身体の成熟具合・機能障害の種類や程度などによって、一人ひとり本当に違います。どうしても自分の周りにいる障がい者、これまで自分が関わってきた障がい者のイメージだけで考えてしまいがちですが、まず『一人ひとり本当に違う』という部分を共有していかないと話が重なり合わない。個別の課題を丁寧に見ながら関わっていくことが大事です」

特別支援学校における性教育実践

夏休みになると、木全さんの元には各地の特別支援学校から性教育に関する教員研修の依頼が届きます。中には、これまで性教育の研修を一回も行っていないという学校もあるそうです。現場の教員は、児童や生徒が人前で自慰をしたり、異性に抱きついたりする問題を何とかしたいと思いながら、個別指導しかできないことに悩んでいます。

「障がいのある子どもに最低限指導しなければいけない性教育とは何か」「それぞれの学部の段階で、どういった内容の性教育をいつ行えばいいのか」「思春期の身体の変化について分かりやすい説明をしたいが、何かいい方法は無いのか」「小学部女子児童の生理指導のコツが知りたい」「高等部卒業後、性犯罪の被害・加害者にならないためには」「どのように保護者と協力すればいいのか」など、様々な質問が寄せられます。

「中学部の男子生徒と女子生徒との接触が気になる、という相談もあります。男女間の上手なコミュニケーションの仕方を教えればいいのですが、おそらく接触自体をダメダメって禁止しているのでしょうね。すごいところだと、男女が話をする時はバトミントンをする距離で、と先生が指導するところもある（笑）。『必ず四〇センチは距離を開けなさい』と定規を持ってきたり。そんな指導やめましょうよ、と思うのですが、これが現実なんですよね。

これまで具体的に性教育の実践をしている学校から、ここが困っている、ここが知りたい、という相談が来るのは大歓迎なのですが、何もしていないけど全て教えてほしい、という丸投げの姿勢の学校もあります」

二〇一一年の調査（児嶋芳郎・細渕富夫：知的障害特別支援学校における性教育実践の現状と課題――全国実態調査の結果より――）によれば、特別支援学校の中で定期的に性教育を行っている学校は、全体の三割程度。小学部だと約二割、中学部と高等部で四割程度です。教員の間では性教育の研修に対するニーズは高いのですが、実際に研修を受けているのは三割に留まります。セクシュアリティという言葉の意味を知っているのは全体のわずか一二・六％だそうです。

「教員養成の課題が本当によく分かる数字です。こういう現状の下、子どもたちは性教育を十分に受けずに学校から社会に出てくる。親御さんもどうしたらいいのか分からないから学校に任せっぱなしになっているという実態があります。

一方、中にはとても素敵な実践をしている地域もあります。岐阜県の中津川では、保育園の時からこころとからだの学習をずっと続けてきている。学校の放課後でも障がいのある子どもの性の学びを続けている珍しい地域です」

「ルールのあるふれあい」をたっぷり保証する

木全さんは五年ほど前から、年に一〜二回、地域の母親や学生、支援者と連携して「障がいのある思春期まっただなかの子どもたちと性と生を学び合う講座プログラム」を始めました。

プログラムの目的は「思春期の自分の身体と心の変化について知ること」「好きという気持ちを大切にしつつ、自分と他者との豊かな関係を育むこと」、そして「自分の存在と、今生きていることを肯定的に受け止められるようになること」です。

プログラムの対象は中学二年生〜高校二年生くらいまでの年齢で、中度の知的障がいと自閉性障がいのある子どもたち、男女一〇名。

一日目の冒頭では、障がいのある子どもたちと学生がみんなで一緒にダンスを踊ります。ダンスの目的は、子どもたちに「ルールのあるふれあい」を体験してもらうことです。

「障がいのある子どもの性に関して学校から寄せられる相談は、『人前での自慰をどうしたら止められるのか』に加えて、『べたべたしたり、急に抱きついたりするので何とかしてほしい』というものが多い。

日々の生活の中で傷ついている子たちが多いので、他人にべたべたしたがるのは当たり前です。だけど『何十センチ離れなさい』と指導しても、その場はおさまるかもしれませんが、子どもの心の中にはものすごい葛藤が残ります。

そこで他人との上手な付き合い方、自分自身が納得できる付き合い方を教えるためにやっているのが、フォークダンスです。ダンスを通して『ルールのあるふれあい』をたっぷり保証することで、べたべたするだけの浅い関係から、心のつながりのある深い関係に作り替えていくことができるのではと考えています。こうした『ルールのあるふれあい』

を積極的に学校や地域文化の中に導入していきたい、と思っています」と、木全さん。

ダンスや自己紹介ゲームで場の雰囲気を作った後、参加者同士で模擬カップルをつくって一緒にお昼ご飯を食べたり、「嬉しい」「悲しい」「寂しい」といった感情表現のカードを使ったロールプレイングによる「気もちの学習」を行ったりします。

それから友達に対して、自分の願いを伝える練習である「気もちを伝え合うワーク」を行います。「自分の願いは自分だけでは実現できないので、ちゃんと言葉や態度にして伝える必要がある」ということを理解してもらうことが目的です。相手から嫌な触られ方をした時の「嫌です」の伝え方や、相手を受け入れていい時の「いいよ」の伝え方も学習します。

「学習の中で、軽度の発達障がいの子が、ある女子学生に対していきなり『キスしたい』と言いました。彼女が断ったら、バババッと逃げ出して『もう僕はこの学習には参加しません！』と言い出しました。

彼を連れ戻してきて、『お昼を一緒に食べようと言えば、彼女は必ず「いいよ」と言ってくれるから、言ってみなさい』と伝えます。そうすると彼は『うん』と言って、また席に戻り、学習が続いていく。そうしたことの繰り返しですね」

自分の身体の変化を確認し、実感を持ってもらう

二日目の午前は、男女それぞれの外見の変化を自分と照らし合わせながら確認していく授業を行います。成長には個人差があり、それでOKであることをきちんと伝えます。精通と月経に関しても「おとなになったしるし」として簡単に説明します。

その後、性器の洗い方や自慰のマナーを教えます。包皮のむき方から洗い方まで、実際に性器の模型を使って一人ずつやってもらいます。

「講座を受けた子どもさんのお母さんから、『息子が「こうやって洗うんだよ」と威張って話をしてくれて、とっても嬉しかったです』という報告を頂きました。でも中学二年生や三年生になっても、こういった基本的なことですら今まで誰も教えていなかった、ということですよね。これも障がい児の性教育の実態です」

午後は、映像と具体的な教材を用いて、自分がお母さんのお腹の中でどのように大きくなってきたのかを学びます。一ヵ月から九ヵ月まで実物の胎児と同じ大きさ・重さの模型を使用して、赤ちゃんが生まれてくるまでの様子を解説します。「こんなふうにお腹の中で大きくなっていくんだよ」という実感を持ってもらうことが目的です。産道体験学習として、子宮の内部を体験できる袋の教材も使います。

「四カ月の胎児の模型は五〇グラムです。中度の知的障がいの子どもたちは具体的な重さや大きさを感じないとなかなか実感できないという認識の特性があります。知的に遅れがあるからどうせ分からないだろう、というのは支援者の怠慢です。その子の力に合わせて、本人が知りたいことをどうやって創意工夫しながら伝えていくか。そこに面白味が必要です。こういう実物の教材は作るのに手間暇かかりますが、誰にでも使えます。今、コンドームを装着できて勃起も説明できる、だけど変にリアルじゃない素敵なペニス模型を作ろうと業者の人と相談しています。そういうものがすごく大事です」と、木全さんは説明します。

障がい児の性教育の過去

歴史を振り返ると、知的障がいのある人の性は世間から怖れられ、大きな誤解を受けていました。「知的障がいのある人は怖い」「何をするか分からない」という偏見は、未だに残っています。障がいのある人を「生まれてくるべきではない」とみなす考え（優生思想）と、犯罪者予備軍とみなして隔離・排除する考え（社会防衛思想）が世間に広まっていた時代、知的障がいのある人の性的なニーズは無視され、性的な行動は罰せられました。

知的障がいを理由に旧優生保護法に基づく不妊手術を強制的に受けさせられたとして、二〇一五年六月に六〇代の女性が日本弁護士連合会に人権救済を申し立てました。知的障がいのある人は、生殖からも切り離されていた現実があります。

二〇一三年には、NHKの報道番組で軽度知的障がいの人たちが性的に搾取されている現実が報道されました（一二月一七日：おはよう日本「狙われる　軽度の知的障害の女性」）。児童養護施設で以前からこうした現実に接してきた木全さんは、報道を聞いて「やっと問題化されるようになったのか」と思ったそうです。

障がい児の性の問題は、一九六〇年代から知的障がい者の親の会などでテーマとして少しずつ取り上げられるようになりました。一九七〇年代から、北欧でノーマライゼーションを学んできた東京学芸大学の大井清吉教授のグループや、性教育家の北沢杏子氏などの先進的な研究者や専門家が、障がいのある人の性の問題に取り組むようになります。

そこから八〇年代にかけて、「性＝人権」と捉える流れがだんだん広まっていきましたが、学校の現場では、そうした変化をきちんと受け止めながら子どもたちと一緒に学びを作っていくというところまではなかなか至らなかったようです。

心と身体の主人公になるために

九〇年代になってやっと養護学校の高等部でも体系的・先駆的な実践がなされるようになってきましたが、その矢先の二〇〇三年、東京都日野市の七生《ななお》養護学校で行われていた性教育の授業「こころとからだの学習」に対して、教育委員会と都議会議員が介入する事件が発生し、メディアや司法の場を巻き込んで大きな社会問題になりました。

七生養護学校の生徒の半数は、隣接する障がい児入所施設から通学していました。そうした中には、親の顔を知らなかったり、虐待を受けたりしてきた生徒も多く、集団生活の中で性的な問題行動を起こしてしまうこともありました。

このような状況下で、子どもたちに生きることの大切さを伝え、自己肯定感を育んでもらうために、七生の先生たちは「こころとからだの学習」を始めました。言語的な理解が難しい生徒たちに、男女の身体の違いや妊娠・出産を視覚的・体感的に伝えるための独自の教材やカリキュラムを活用した七生の実践は、外部の校長会などでも高く評価されてきました。

しかしこの実践が突如、都議や都知事・教育長によって都議会で「不適切」と決めつけられ、百数十点の教材の没収、妊婦体験など体験学習の禁止、小・中学部生と高等部重度生徒に対する性教育の廃止などの措置が次々に下されました。

七生の事件以降、性教育の世界には大きな逆風が吹き荒れました。「現場で一緒に学ぼうという研修がピタッと無くなった。ＰＴＡのお母さんたちから『どうしても』という声があって呼ばれることはありましたが、現場の先生の研修に私が呼ばれることはほとんど無くなりました。最近は復活してきたのですが」と木全さんは語ります。

「児童養護施設にいる障がいのある子どもたちは、これまでの家庭環境の中で色々な傷を負った状態で施設にやってくる。施設に入って少し安心できる環境になったら、自分が親にされてきたことを再現する。それを周りの大人はどう受け止めてくれるか、試すような行動をとるわけです。

その時に七生の先生たちは、ダメダメと叱るのではなくて、子どもの心と身体のことをしっかりと受け止めていた。子宮体験の教材を使ったり、『からだうた』でペニスやヴァギナといった性器の名称をきちんと教えたりする試みも実践していた。私も知的障がい者施設で働いていたから分かるのですが、『あそこがかゆい』とか女の子が言うわけです。心と身体の主人公なのに、自分の身体が痛かったり傷ついたりした時に『あそこ』はないだろう、と。

こうした実践が『学習指導要領に合わない』と叩かれたのですが、最終的には裁判で『学習指導要領に拘束力はない。指導者の裁量に任されるべき』『創意工夫が大事』という判決を勝ち取った。

七生の教育目標は『なかまとともに　からだをつくる　こころをひらく　たのしくまなぶ』です。とっても素敵で、今でも私がすごく大事にしている教育目標です。私自身、七生の実践に多くを教えられました」

障がい児の性教育の未来

「たとえどんな障がいを持っていても、本人の学習する権利を奪ってはいけない」と木全さんは訴えます。

「私たち一人ひとりがかけがえのない人間であり、大切な身体と心を持っています。たった一度の人生の中で、かけがえのない存在として、人生の主人公として、お互い尊敬し合いながら生きていくために、生と性の学びは欠かせません。学ばせてもらえないこと自体が人権侵害だと私は思います。自分の身体や心のこと、異性の身体や心のことを知りたいという子どもを学びから遠ざけるのではなく、学びをきちんと保証できるようにしていく必要があります。

性教育の欠如は、成人後も多くの問題を引き起こします。例えば、軽度の知的障がいの人は、ラブホテルの使い方を知らない、お金が無いといった理由で、公園のトイレでセックスしてしまうこともあります。当然避妊の仕方も知らない。父親の違う子どもを五人も六人も産んだ女性もいる。きちんと教えてあげないと大変なことになる。

また知的障がいの女性は閉経が早く、四〇歳前半くらいで閉経を迎える場合があります。その時に誰も何も教えない、教えられないのはよくない。だからこそ学習の大切さを伝えていきたいですね。

大阪府堺市には、相談支援の職員と学校の先生が協力しながら地域の若者を集めて、こころとからだの学習、ラブホテル見学などの実践を行っているところがあります。滋賀県大津市では、知的障がい者のグループ『MMK（「モテてモテて困っちゃう」の略）サークル』が、青年たちを集めて性やオシャレの学習をしたりしています」

自分たちが知りたいと思って調べたことは忘れない

「性教育は子どもから学ぶことも大切です。上から目線で問題行動とみなしてやめさせよう、教えようと思うからうまく行かない。子どもたちがどんな力や知識をつけたいのか、何をしたいと願っているのかを受け止めながら、一緒になって試行錯誤をしながら授業をつくっていけばいい。

大阪の知的障がい児施設では、高等部の軽度の知的障がいのある男の子たちに、まず性について本人たちに知りたいことを出してもらい、それを図書館やネットで調べてもらう。『Hなことを考えると勃起するのはどうしてなんだろう』『思春期になると毛が生えてくるのはどうしてなんだろう』『自慰しすぎるのはどうなのか』といった疑問を職員と一緒に調べて、それをみんなの前で発表するんです。一方的に教え込むよりも、自分で調べて・学んで・模造紙に書いて他の仲間の前で発表した方が、はるかに本人たちが学ぶ。教師や職員が言うよりも、同じクラスの仲間の一言の方が効果的な場合、仲間同士での学習はとっても有効です。

『次にどういったことを学びたい？』と聞くと、『女の子とどうしたらうまく交際ができるのか』『どうすればモテるのか』『女の子の身体が知りたい』という声が出てくる。本人が一番知りたいと思っているから、本当に学びに食いついてきますね。

そうしたら今度は女子グループでも同じ学習をして、男女で交流しながら発表すればいい。自分たちが知りたいと思って調べたことは忘れない。上から押し付けられて『覚えなさい』と言われたことはすぐに忘れる。『英語は嫌いだけど、性の学習は好きだ』とみんな言います。障がいのある子どもたちを学びの主人公にするためにはどうしたらいいか、という発想の転換が必要です。

障がいのある人の性の問題は、一人ひとり本当に違います。知的障がいのある人に関しては、本人の知的な力はどれくらいなのか、どういう家庭環境で育ってきたのか、どのような仲間集団に属していて、そこからどのような影響を受けているのか、今までの対応はどうだったのか、周りはどのように受け止めて、どのような声掛けをしているのか、どこまで本人の立場に立つことができているのか……など、本人の情報を集めて丁寧に分析しないと具体的な手立ては出てこない。

私も試行錯誤と失敗の中で、日々ああだこうだとやっているので、すぐに効果が出て、色々な場面で応用も利く解決策のようなものを出せるとは思っていません。それができたら誰も苦労しない。手っ取り早く解決はできないので、結構覚悟が要ります」

支援や教育が無いからこそ恋愛・セックス・結婚ができる？

木全さんのおっしゃる通り、知的障がいのある子どもたちを生と性の学びの主人公にするためには、家族や教員など周囲の大人の力で、子どもたちが自ら主体性を持って学べる環境を整える必要があります。

知的障がいのある人が恋愛に踏み出す際には、家族や学校、職場や地域などのコミュニティの中で適切な性教育や支援を受けた上で、自分と相手の身体と心を大切にしながら関係を育んでいくことが必要になります。

エピソード３「障がい者の結婚推進事業『ぶ～け』の挑戦」で見てきたように、知的障がいのある人の恋愛や結婚は、地域の社会資源に支えられて初めて可能になります。彼・彼女が自分の人生の主人公になるためには、地域の社会資源という「舞台」の上に立つことが必要不可欠なのです。

しかし家族や学校、職場や地域の現場では、知的障がいのある人の恋愛や結婚に対して適切な教育や支援を行う体制が整っていないことも多いです。

そもそも知的障がいのある人が恋愛や結婚をするということ自体が、想定すらされていないこともあります。家族ケアありき＝家族が本人の面倒を見ることを前提に組み立てられている現行の福祉制度下では、親元からなかなか離れられない人も多く、そのことも恋愛や結婚の妨げになっています。

つまり実際の「舞台」では、障がいのある人を主人公ではなく脇役やエキストラとして扱う脚本になってしまっている場合が少なくありません。そうした間違った脚本の「舞台」に立ってしまうと、学校を卒業した後は自宅と職場（作業所）を往復するだけの単調な生活になってしまい、出会いの機会もほとんど無くなります。主人公としての出番が極端に減ってしまうのです。

そうした脚本の中で恋愛や結婚を求める人は、必然的に「舞台」＝家族や学校、職場や地域から逸脱せざるを得なくなります。家庭環境に恵まれていない知的障がいのある女性が、匿名の出会い系サイトで知り合った男性と交際を始め、そのまま結婚したというケースもあります。つまり「家族の支援や干渉が無いがゆえに結婚できた」わけです。

知的障がい者福祉の現場では、「支援があるから」ではなく「支援が無いから」こそ、恋愛・セックス・結婚・妊娠・出産できる（できてしまう）という皮肉な現状があります。こうした矛盾の背景には、ノーマライゼーションをめぐる根本的な問題が隠されています。

「愛される障がい者」から「愛する障がい者」へ

「ノーマライゼーションの育ての親」といわれるスウェーデンのベングト・ニィリエは、ノーマライゼーションの原理を整理・成文化して、世界中に広めました。

ニィリエが唱えた「ノーマライゼーションの八つの原則」の中には、「ノーマライゼーションとは、男性、女性どちらともいる世界に住むこと。子どもも大人も、異性との良い関係を育む。一〇代になると、異性との交際に興味を持つ。そして、大人になると、恋に落ち、結婚しようと思う」と記されています。

とてもシンプルで分かりやすい原則ですが、今の社会では、知的障がいがあるという理由だけで、こうした当たり前のことがなかなか実現できなくなってしまいます。

障がい児の性教育について語る際に、必ずといっていいほど出てくる反対意見が「寝た子を起こすな」というセリフです。性のことを何も知らずに穏やかに眠っている子どもに、変な知識や刺激を与えて起こしてしまうような真似はするべきではない、という意味です。

このセリフには、障がいのある子どもには、将来「愛される障がい者」に育ってほしいという周りの大人の願いが反映されています。すなわち、周囲の人の言うことをよく聞いて穏やかに従順に振る舞い、他人に迷惑をかけない存在になってほしいという願いです。

しかし、これはあくまで周りの大人から見た「都合のいい障がい者像」に過ぎません。人が生きていくためには、「愛される」という受け身の姿勢、都合よく管理される側としての姿勢だけでは不十分です。主体的に誰かを「愛する」ことが必要です。

もちろんその過程には、多くの困難やトラブルが待ち受けています。誰かに迷惑をかけてしまうことや自分自身を傷つけてしまうこともあるでしょう。しかし、そういったことを全て引き受けて、周りの人の力を借りながら、傷つきながらも前に進んでいくこと、それこそが「人を愛する」ということではないでしょうか。

障がい児の性教育の目標は、「愛される障がい者」を育てることではなく、「愛する障がい者」を育てることだといえるのかもしれません。誰かに愛される脇役ではなく、誰かを愛する主人公へ。このパラダイムシフトを実現できるか否かが、私たちの社会が見せかけではない真のノーマライゼーションを実現できるか否かの試金石になるはずです。

エピソード6

性犯罪の被害者と加害者

性犯罪の被害者にも加害者にもなりやすい

エピソード6では、性犯罪の被害者・加害者双方の視点から、障がいのある人の性の問題を考えていきます。

「障がいのある人」と「性犯罪」という二つの言葉を並べると、性犯罪の被害者としてのイメージ、例えば、障がいのある女性が性的虐待や性暴力の被害者になるケースを思い浮かべる人が圧倒的に多いと思います。

しかし、障がいのある人が性犯罪の加害者になるケースももちろんあります。障がいの無い人に比べて、障がいのある人は性犯罪の被害者にも加害者にもなりやすいリスクを抱えています。障がいのために思うように動けない・話せないことにつけ込まれて被害に遭ってしまったり、逆に自分の性的欲求や感情をコントロールできずに他者を傷つけてしまったりすることもあります。

エピソードの前半では、働く女性障がい者の性暴力被害の問題を取り上げます。障がいのある女性の性暴力被害は、これまでは主に家庭内や施設内といった閉鎖的な空間の中で、人知れず発生してきました。しかし障がいのある人の社会進出が進むにつれて、これからは職場などの社会的な空間の中での発生率が高まっていくことが予想されます。以下、実際に被害に遭った女性の声を通して、障がい者の性暴力被害を防ぐために必要な条件を探っていきたいと思います。

職場の上司に脅され、性行為を強要

里美さん（事件当時三六歳）は生まれつきの脳性まひで、両手足に重い障がいがあります。里美さんには二人の娘がおり、シングルマザーとして二人を育てるためにパートをしながらハローワークに通う日々を送っていました。

そうした中、ようやくJR西日本に障害者雇用促進法の制度で採用され、一年更新の契約社員として働くことになりました。男性社員ばかりの現場の中で、経験豊富であるパソコンの能力を活かして庶務や作図、乗務員の教育管理などの仕事を担当していました。

事件が起きたのは入社して二年目の秋でした。社内旅行の帰りに、里美さんは上司である係長に強引にホテルに連れ込まれ、カミソリで脅されて体中の体毛を剃られた後、性行為を強要されました。里美さんは脳性まひによる不随運動などの障がいのために激しく抵抗することができず、押し倒されたら自分で起きあがることは困難です。頚椎にも脳性まひ特有の持病があり、首に強い衝撃を受けると下半身まひになる危険があるため、抵抗できませんでした。

事件後、係長は親しげに見えるメールなどを里美さんに送るなど、さも二人が付き合っていたかのように装いました。それに応えることは、彼女にとっては我が身を守る手段の一つでした。

しかし係長はそのメールを逆手に取り、なおかつ一年更新の契約社員という里美さんの立場を利用し、「事件を会社に言ったら、お前の契約更新はないぞ」と里美さんを脅し、性的な関係を継続することを強要しました。

里美さんは一人で苦しんだ末、事件から約半年後に所属部署の部長と会社のセクハラ対策室に告発しました。しかし対策室の担当者は「逃げなければいけないところで逃げていない」と被害を訴えた里美さんを逆に追及。さらに事件後に里美さんが係長から強引に誘われて食事に行ったことを指摘され「串カツとあなたの体、どっちが高い？　串カツが高い？」と言われました。その質問こそ差別的であり、障がいを持つ女性にとっては屈辱的な言葉です。

その後、係長は「結婚を前提に付き合っていた」と会社に説明。会社側も「事件は確認できなかった」との結論を出しました。地元の警察署にも相談しましたが、会社の調査結果を受け、捜査は保留になってしまいました。会社に告発したことを機に、職場でも里美さんに対して無視をする・業務を干すなどの組織的ないじめが発生しました。

里美さんは会社が下した結論に納得できず、一人で弁護士を探して神戸地裁龍野支部への提訴を行いました。約一年半に及ぶ審理の末、出された一審判決は里美さんの敗訴でした。里美さんが半年間事件を告発できなかったことや、事件後にかわされた一見「親しげ」なメールの内容などを理由に、裁判所は「二人は当時恋愛関係にあった」とみなし、係長と会社側の言い分を認め「強制的な性暴力は無かった」との結論が下されました。

大阪高裁に控訴し、最後まで闘う

里美さんからみればこの判決は、里美さんの障がいや職場内での上下関係の圧力、性暴力を受けた女性の心理状況について考慮せず、係長や会社側の言い分のみを採用したものでした。

こうした判決がまかり通ってしまえば、性暴力、特に障がいのある女性に対する性暴力を野放しにしかねない。ただでさえ表面化しづらい障がいのある女性に対する性暴力が、なお一層闇に葬り去られてしまうのではないか？

里美さんは敗訴のショックでくじけそうになりながらも、「こんなことが許される世の中でいいのか？　決して良いはずがない！」という思いで大阪高裁に控訴し、最後まで闘うことを決意しました。

会社を休職した里美さんは、「性犯罪被害を受けた本人が自分の言葉で語ることが、信じてもらう唯一の手段だ」と考えるとともに、また被害者が堂々と生きられないのはおかしいと考え、実名を出して裁判を闘うことを決意しました。実名と顔を出すことについて、後に里美さんは「自分の家族のことを思いやり、特に子どもたちへの影響を考え、悩みに悩んだ末に決めたことですが、この決断をしたことに間違いは無かったと確信しています」と語っています。

街頭に立って道行く人たちに自分の現状を訴え、裁判のための署名集めを行いました。最初は誰も耳を傾けてくれませんでしたが、被害を公表したことで徐々に支援してくれる人が増え、支援団体も結成されました。同じ苦しみを抱く人たちからの手紙も全国各地から届き、裁判所に対して公正審理を訴える署名は八〇〇〇筆を超える数が集まりました。

大阪高裁での控訴審判決は、会社側のＪＲ西日本には法的責任無しとしたものの、調査において不適切な表現があったと指摘。性暴力被害の一部を認め、係長に対し慰謝料など一〇〇万円の支払いを命じました。里美さんの闘いの様子は、テレビ朝日のドキュメンタリー番組（二〇一二年一月：テレメンタリー「誰も聞いてくれない～レイプ被害を告発した障がい者」）で放映され、大きな反響を呼びました。

控訴審判決で棄却された部分については最高裁判所に上告しましたが、棄却になりました。裁判を振り返って、里美さんは「司法上はＪＲ西日本への責任は問えませんでしたが、私が行った裁判は、今後を生きる人たちに対する一つの〝道標〟になったのではないかと思っています」と語っています。

事件と生い立ちとの関連性

職場で性暴力の被害者になったとしても、誰もが上司や会社を訴えて裁判を起こせるわけではありません。むしろ泣き寝入りしてしまう人がほとんどでしょう。

しかし里美さんは自分で裁判を起こし、全国から多くの支持を集めて闘いを続けました。里美さんを動かすモチベーションは、どのように育まれたのでしょうか。

里美さんの母親は、生まれつき脳性まひという障がいを持っている里美さんに対して、「障がい児だからといって家の中に閉じ込めたりせず、どこにでも連れて行く」「本人がやりたいと思うことはまずやらせてみる」という教育方針で接しました。

こうした母親の教育方針もあり、子ども時代の里美さんは、街中をはじめ、山や川といった自然の中など、あらゆるところに母親と共に行き、健常者の子どもたちと触れ合って様々な経験を積むことができました。

もちろん母親に対して反発を抱いたり、思春期に対立したこともありましたが、母親の教育方針のおかげで、障がい者だからという理由で自分のやりたいことや言いたいことを我慢したり、周りの人に無理に合わせるような生き方をしなくて済んだと今では思っているそうです。

ある会社で働いていた時、里美さんはなかなか職場になじめず、うまく他の同僚と人間関係が作れない状態が続いたことがありました。

周囲とコミュニケーションがとれず、一日中ずっと無言で過ごしていたのですが、とうとうある日、同僚に呼び出されてこっぴどく叱られました。

「確かにお前は障がい者で、職場のみんなは障がい者である私のことを分かってくれない、と思っているかもしれない。しかし職場のみんなも、障がい者と接するのはお前が初めてなんだ。『分かってくれない』のではなく、『知らなくて当たり前』なんだ。お前がきちんと自己主張しない限り、職場のみんなにお前のことを分かってもらうことはできない」

この言葉を聞いて目からウロコが落ちた里美さんは、この日をきっかけに少しずつ努力を重ねて、徐々に職場に溶け込んでいけるようになりました。それまでは周囲から障がい者として見られることは嫌だったのですが、「障がい者として見られることを前提にして行動しよう」と発想を転換し、メイクや服装にも気を配るようになりました。その結果、同僚との関係も大きく改善し、他の社員から告白されて恋愛するまでになりました。

その後、結婚や出産、転職を重ねていく中で、里美さんは様々な困難を乗り越えて、一人の女性として生きていく上で必要な自信と経験を身につけていきました。

性暴力の被害者に、健常者も障がい者も無い

JR西日本で性暴力被害に遭った時、里美さんは、相手の男性をはじめ、多くの社員が女性障がい者に対する強烈な偏見、差別意識を持っていることをまざまざと感じました。自分には恋愛やセックスの経験もあれば、結婚や出産の経験もあるのに、相手の男性は自分にそうした経験があることを全く理解せず、「障がい者だから、何をやっても大丈夫だろう」「障がい者だから、何をされたのか分からないだろう」「障がい者だから、妊娠しな

いだろう」と一方的に思い込んでいました。一般の女性相手にはしたくてもできないことを、女性障がい者の身体を利用して行うことで、自分の歪んだ支配欲や臆病な自己愛を満たそうとしているわけです。

障がいがあるからという理由で性暴力の被害に遭うことはおかしい。障がいがあるからという理由で沈黙することもおかしい。性暴力の被害者に健常者も障がい者も無い。こういった点に関して、どうにかして世の中の認識を変えたい。事実に気づいて理解してもらいたい。

「自分が行動することで、たとえ障がい者でも性暴力被害を受けた時にはきちんと裁判に訴えてもいいんだ、という前例を作りたい」という里美さんの意思と行動は、これからも多くの女性障がい者に勇気を与えてくれるはずです。

社会問題化する障がい者への性暴力

前述の通り、これまで障がいのある人への性暴力は、人目につかない家庭内や施設内で発生してきました。一九九六年には、障がい者雇用に熱心な会社社長が、実は知的障がい者の従業員に対してほとんど賃金を支払っておらず、さらに女性知的障がい者に対して性的虐待や性暴力を繰り返していたという事件が起こり（水戸事件）、大きな社会問題になりました。

「障がい者は性的な存在である」という社会的な認識自体が存在していなかったため、障がいのある人が性的な存在であるということに気づくのは（そして、そうした認識の欠如を悪用して、障がいのある人を自己の性的欲求のはけ口にしようとするのは）、障がいのある人の身近にいる、家族や友人・知人、教師や施設職員、ボランティアなど、一部の人たちに限られていました。

また障がいのある人自身も、成育環境や教育の欠如の影響もあり「自分が性的な存在である」ということについて明確な認識を持つことが少ない傾向にありました。

特に身体障がいのある女性の場合、外見へのコンプレックスから、「自分が他人の性的欲求の対象になる」ということに対して無自覚であることが多いです。「まさか自分に対して性的魅力を感じる男性なんて、いるはずがないだろう」という思い込みが心無い男性に悪用されて、性被害につながってしまうケースもあります。

性犯罪の加害者は、ターゲットとなる女性を、「自分の好みの容姿・年齢であるかどうか」ではなく、「自分のいいなりになるかどうか」「自分より社会的・経済的・身体的に弱い立場にあるかどうか」「自分の支配欲を満たせるかどうか」を基準にして、周到に選ぶ傾向があります。そのため女性障がい者はターゲットに選ばれやすい傾向にあります。

仮に被害に遭っても、自分が被害者であると認識できなかったり、逆に「被害に遭ったのは、自分が悪いからだ」と自分自身を責めてしまったりして、事件の発生を他者に知らせることも少ない。そのため、障がい者への性暴力が公の場で明るみに出るということは極めて稀でした。

全ての障がい者は性的な存在である

近年、障がい者の教育・就労・社会参加を支援する制度の充実に伴って、多くの学校や職場、公共交通機関の中などで、障がいのある人の姿を見るようになりました。その中には、健常者と同様の自己主張能力、権利意識、そして性的自己決定権を持った人もたくさんいます。

しかし世間の障がい者に対する認識は、まだまだ「純真」「天使」「素直」といったステレオタイプの素朴なイメージが強いです。つまり実際の障がい者の姿と、それを受け入れる社会の障がい者に対する認識との間に、大きなギャップがあるわけです。

このギャップの結果として、相手が「権利意識や自己主張能力を持っているはずが無い」「性的な存在であるはずが無い」と周囲に思われている障がい者であることにつけ込んで、卑劣な形で、自己の性的欲求や支配欲を満たそうとする人が出てきます。また障がいのある女性社員へのセクハラに対する予防・事後対応が不十分になるといった事態も生じます。

他方、これまでは性暴力の被害に遭っても泣き寝入りすることがほとんどだった当事者の中にも、里美さんのように、それまでの人生で培った自信と経験の裏付けの下、明確な権利意識と高い自己主張能力を持って、自己に対する不当な権利侵害や違法行為に対して、明確に「ＮＯ！」と言える人も増えてきています。

医療・福祉・教育の専門職に対して虐待の早期発見・通報義務を課した二〇一一年の障害者虐待防止法の施行も後押しになり、かつてはほとんど明るみに出ることの無かった障がいのある人に対する性暴力が、れっきとした「犯罪」「社会問題」として告発されるようになってきています。

障がいのある人の社会進出の進展、それを受け容れる社会側の意識の低さ、そして障がいのある人の権利意識と自己主張能力の高まりという三つの要素が絡み合って、障がいのある人に対する性暴力は個人的な問題から社会的な問題へと変化してきているといえます。

前述の通り、障がいのある人に対する性暴力の加害者は、多くの場合「全く知らない他人」ではなく、本人の身近にいる教師や介助者、ボランティアや施設職員、理学療法士やソーシャルワーカーなどの、「本人がよく知っている人」であることが多いです。

つまり福祉職や支援者にとって、障がいのある人の性について学ぶことは、自分自身が予期せずに性暴力の加害者になってしまうことを予防する方法でもあります。

不幸な事件の発生を防ぐためには、障がいの程度や区分にかかわらず、全ての障がい者は性的な存在であり、自己の性に関する尊厳と自立を守る権利を持っているということを、福祉の世界のみならず社会全体に広く啓蒙していく必要があります。

ここまで、性犯罪の被害者の視点から、障がい者の性暴力被害を防ぐために必要な条件を考えてきました。エピソードの後半では、視点を一八〇度転換して、性犯罪の加害者の視点から、障がい者の性暴力加害を防ぐために必要な条件を探っていきます。

性犯罪の加害者としての障がい者

二〇一五年一二月二六日、新潟市中央区の新潟ユニゾンプラザにて「知的障がい・発達障がいのある人のためのトラブルシューター養成セミナー・基礎コース」が開催されました。主催のNPO法人PandA-J（ぱんだJ）は、障がいのある人の権利擁護に取り組んでいる非営利団体です。福祉職や研究者、ジャーナリストや弁護士、特別支援学校の教員などの多様なメンバーによって運営されています。

知的・発達障がいのある人は、その障がい特性のために周囲から誤解されやすく、そのためにトラブルや事件を起こしてしまうことがあります。そうした事件のうち、多くを占めるのが万引きなどの窃盗、そして性犯罪です。

一口に「知的・発達障がいのある人の性犯罪」といっても、その内容は強姦や強制わいせつ、痴漢や盗撮・のぞき、露出や下着窃盗など多岐にわたります。

知的・発達障がいがある場合、本人が自覚しているか否かにかかわらず、性犯罪と紙一重の行動をとってしまうことがあります。自閉症の成人男性が公園の女子トイレに入ることを繰り返してしまったり、街頭でたまたま出会った女子児童を触ってしまったり、女子高生をじろじろ見つめたり執拗に追いかけてしまうなどして通報されるケースもあります。

付き合っている女性の裸を撮影することを「二人が付き合っている証し」と考えて、恋人に撮影を迫る男性もいます。撮影した写真を、深く考えずにそのままネット上にアップしてしまう人もいます。自室にのぞきや盗撮モノのＡＶを大量に収集しており、法的に問題があるものが混じっていないかどうか職員が一点一点検査した、というケースもあります。

ホワイトハンズの研修や講演の質疑応答でも、ご家族や支援者の方から「児童ポルノのようなものを収集しているのですが、どうすればいいでしょうか？」「明らかに社会常識に反するようなアダルトサイトをずっと閲覧し続けているのですが、どうすればいいでしょうか？」という質問が寄せられることがあります。

障がい特性であるこだわりやパターン化した行動の反復は、そこに性的な要素が絡むと、時と場合によっては性犯罪に結びついてしまう（結びつけられてしまう）リスクを抱えています。

性犯罪の加害者になってしまった障がいのある人は、福祉の世界で最も支援の届きにくい場所にいる存在です。障がい者というだけでも理解されづらいのに、その上に犯罪の加害者、さらに性犯罪者というレッテルを貼られてしまうと、本人が地域社会の中で周囲の理解や支援を受けながら暮らすことは極めて困難になります。本人や家族が他の地域に移転せざるを得なくなったり、移転先でも住まいや居場所が見つからず、窓口や施設をたらい回しにされてしまったりすることもあります。

性犯罪の加害者になってしまった障がいのある人に対しては、本人の障がいを正しく理解し、本人の抱えている生きづらさに寄り添った支援をしていくことが、再犯率の低下、そして本人の社会復帰につながっていきます。

PandA-Jは、司法・福祉・医療・行政・教育・地域などの連携を通して、こうした障がいのある人の権利擁護の仕組みを作ることを目指しています。その仕組みの中で重要な役割を担うのが「トラブルシューター（TS）」です。

トラブルシューターは、障がいのある人が地域でトラブルを起こしたり、法律に違反する行為をしてしまったりした場合、その理由や背景を理解した上で、地域社会への啓発や関係機関への説明と調整、適切な刑事手続き・保護・矯正などの処遇を求める活動を行います。

一見すると司法や福祉の専門職の仕事に見えますが、トラブルシューターには、その地域に暮らしている全ての人がなることができます。商店街のおじさんや八百屋のおばさん、学校の先生やコンビニの店長が、同じ地域で暮らしている障がいのある人がトラブルを起こした際に、トラブルシューターに「変身」して問題解決に取り組む、というイメージです。

セミナーの会場には、新潟県内の福祉・司法・大学関係者のキーパーソンが大勢集まり、七〇名を超えて定員オーバーになるという盛況ぶりでした。障がいのある人のトラブルや犯罪、さらには性犯罪という極めて語りにくく、扱いにくいテーマであるにもかかわらず、地方都市においてもトラブルシューターの養成セミナーにこれだけの注目が集まっているという事実は、このテーマが福祉や司法の現場でも大きな課題になっていることを示しています。

負のスパイラルを断ち切るために

PandA-J代表の堀江まゆみさん（白梅学園大学子ども学部発達臨床学科教授）は、セミナーの講義で次のように語りました。

「障がいのある人の犯罪には、差別や偏見に基づいた負のスパイラルが働きます。当然ですが、障がいのある人が健常者に比べて犯罪を起こしやすいということはありません。犯罪を起こしてしまう人の背景には、障がいに対する社会的な理解や支援の欠如があったり、いじめや虐待などの成育環境の問題が潜んだりしている場合もあります。

しかし障がいのある人が犯罪を起こすと、『不可解』『猟奇的』など障がいに対する理解や配慮に欠けた不適切な報道がなされてしまい、それによって司法や社会の偏見が増幅されてしまうことが少なくありません。

そのため『反省していない』『障がい者は何をするか分からない』と判断されて、矯正プログラムが用意されることのないまま厳罰化だけが行われてしまったり、出所後も支援を全く受けられない状況になってしまったりします。

結果として、障がいのある人は再犯リスクが高いまま出所することになり、そうした人の一部が再びエスカレートした形で事件を起こしてしまうことで、それがまた不適切な報道を引き起こす……という負のスパイラルが繰り返されてきました。厳罰化だけでは、被害者の処罰感情は満たされますが、矯正にも社会の安全確保にもつながりません。

この負のスパイラルを食い止めるためには、三つの支援が必要になります。

一つ目は『トラブルの予防』です。具体的には、原因となる障がいの早期発見・早期治療が非常に重要になります。警察に逮捕されてから障がいがあることが分かった、というケースもありますが、それでは手遅れです。

二つ目は『入り口支援』＝障がいのある人が犯罪を起こしてしまった場合の刑事司法手

続きに対する支援です。従来の刑事司法手続きに、福祉的な観点からの客観的意見を取り入れることで、障がい特性や本人の成育歴に配慮した適切な司法判断が可能になります。

三つ目は『出口支援』＝出所して地域に戻ってきた人に対する支援です。本人の障がい特性に見合った適切な福祉的支援を提供することで、再犯防止と社会復帰、そして居場所づくりにつなげることができます。

これら三つの支援において、重要な役割を果たすのが地域のトラブルシューターです。予防によって障がいのある人の事件そのものを減らし、地域社会で障がいに対する理解と啓発が進めば、適切な報道がなされる可能性が高まります。それが適切な刑事手続きと司法判断、矯正プログラムの開発や社会復帰支援の拡充につながる……という好循環が生まれるのです」

「見て見ぬふり」からの脱却

知的・発達障がいのある人が性犯罪の加害者になってしまう背景には、障がいのある人の性に対する「見て見ぬふり」が挙げられます。

家族や支援者は本人の性的な振る舞いに対してどう対応すればいいのか分からないため、

結果的に深刻な被害を引き起こすまで「見て見ぬふり」を続けてしまう。

そして深刻な被害が起こってしまった後も、「障がい」「性」「犯罪」という三つのタブーが重なる領域のため、再犯防止のために具体的にどのような対処法が必要なのかを議論すること自体ができず、罪を犯した障がい者の存在を地域全体で「見て見ぬふり」せざるを得なくなる。こうした状況では、加害者になる人も再犯を起こす人も一向にいなくなりません。

PandA-Jでは、性的な行動が原因で社会生活上の困難を抱えている人や、過去に性的な事件を起こしたことのある人を対象にして「発達障害のある人のための性支援ワークショップ」を実施しています。

このワークショップは、家族と支援者に対する講義（全一回）と、本人向けのプログラム（全三回）で構成されています。本人向けのプログラムの作成には障がい児の性教育の専門家が関わっており、障がいのある人が理解しやすいように、視覚に訴えるスライドやロールプレイでの体験を通して学べる仕組みになっています。

一回目にはプライベートとパブリックの違い、対人関係に必要なスキルを学びます。その上で二回目はどのような行動が性的逸脱行動に当たるのか、そしてそのような行動に至らないためにはどうすればいいかを学びます。

三回目は、相手の無理解や偏見によって事件として取り扱われそうになった場合、自分を守るための方法（＝相手や警察に疑われたら自分の名前と意見をはっきりと言う、逃げないで障害者手帳を見せる、信頼できる人を呼んでもらうなど）を学びます。

こうしたワークショップの他に、認知行動療法に基づいた知的障がいのある人の性加害・性犯罪再犯を防止するための地域包括的支援プログラム「SOTSEC-ID（Sex Offender Treatment Services Collaborative-Intellectual Disability）」インストラクターの講習会も開催しています。

代表の堀江さんは、「障がいのある人の性被害・性加害を予防するため、そして罪を犯してしまった障がいのある人の社会復帰を支援していくためには、本人の自己肯定感を育むことが欠かせない」と語ります。自己肯定感を高めることで、自分を大切にすること、そして他人を大切にすることを理解することができる。それが対人関係に必要なスキルの獲得につながり、周囲の人たちと心豊かな社会生活を送ることを可能にする、というわけです。

障がいのある人を、性犯罪の被害者にも加害者にもさせない社会

性犯罪の加害者のように処遇の難しい障がい者は、福祉や社会から排除されてしまいがちです。二〇一二年の障害者虐待防止法施行、二〇一三年の障害者差別解消法制定、二〇一四年の障害者権利条約批准と、障がいのある人の権利擁護のための制度や機関は徐々に整いつつあります。しかし、「法律や条約はできても、現場までその理念が届いていない」「制度や機関はできても、当事者がなかなか相談に来ない」「制度を活用するための地域ネットワークができていない」など問題は山積みです。

また障害者虐待防止法の施行に伴い、問題行動や触法リスクのある障がい者は「対処方法が分からないから」「職員による虐待リスクが高まるから」という理由で事業所側から敬遠されてしまう傾向があります。「虐待をしたくないから支援をしない」というのでは本末転倒です。

障がいのある人も無い人も共に暮らしていく真の共生社会を作っていくためには、そういった人を地域社会から排除するのではなく、本人の意思と尊厳をきちんと尊重した上で、地域社会の中で包摂していくことが必要不可欠になります。

そうした中で、トラブルシューターのように権利擁護のための一定の知識とスキルを

持った個人が、本人と地域社会をつなぐ役割を積極的に担う必要があります。

そしてトラブルシューターは、一部の専門家だけでなく、地域に住んでいる全ての人が「変身」できる、あるいは「変身」しなければならないものです。堀江さんは「国民全員をトラブルシューターにしたいです！」と熱く語っておられました。

真の共生社会とは、「障がいのある人を性犯罪の被害者にも加害者にもさせない社会」です。セミナーの中で、ある登壇者の方は「彼らは犯罪者である前に、私たちと同じ新潟市民です」とおっしゃっていました。

被害者である前に、私たちと同じ市民。加害者である前に、私たちと同じ市民。障がいのある被害者と向き合うこと、障がいのある加害者と向き合うことは、彼らと同じ地域で暮らしている、他でもない私たち自身の生と性と向き合うことなのかもしれません。

エピソード7

障がいとＬＧＢＴ（ダブルマイノリティ）

「六％」と「七・六％」が重なり合う存在

最近、メディアでＬＧＢＴ《エルジービーティー》という言葉を目にする機会が増えてきています。ＬＧＢＴとは、女性同性愛者（レズビアン Lesbian）、男性同性愛者（ゲイ Gay）、両性愛者（バイセクシュアル Bisexual）、性同一性障害（トランスジェンダー Transgender）などの性的マイノリティの人々を表す言葉です。

障がいのある人たちと同様に、ＬＧＢＴの人たちは社会の中のマイノリティであるというだけの理由で、これまで不当な差別や偏見の対象になってきました。

しかし近年になって、ＬＧＢＴの人たちの権利を守る動きが世界各地で活発化しています。二〇一五年にはアメリカの連邦最高裁判所が同性婚を合憲とする判断を示しました。日本でも渋谷区で同性カップルに対して「パートナーシップ証明書」を発行する条例が成立するなどの画期的な動きが起こっています。

こうした時代背景の中で、これまで沈黙を守っていた障がいのあるＬＧＢＴの人たちの中でもいくつかの動きが起こっています。多くの人にとって、障がいとＬＧＢＴはあまり結びつかないものかもしれません。しかし、実はこの両者は密接に関わり合っています。

例えば、感染経路の七割以上が同性間の性的接触であるＨＩＶ感染症（エイズ）は、免疫機能障害に該当するため身体障害者手帳が交付されます。二〇一三〜一四年に行われたHIV陽性者へのウェブアンケートでは、八割の人が身体障害者手帳を取得していると回答しています（「Futures Japan」第一回調査結果より）。

ADHD・自閉症スペクトラム症（ASD）などの発達障がいやうつ病・依存症などの精神疾患を持つLGBTも少なくありません。特に、性同一性障害の人の精神疾患の罹患率は、他の性的マイノリティの数倍に上ると推測されています。もちろん視覚障がいや肢体不自由のLGBTもいます。

障がいのある人は全人口の約六%、LGBTは全人口の約七・六%（電通ダイバーシティラボによる二〇一五年の調査による）といわれています。この六%と七・六%との間に、重なり合う領域は確実に存在します。

エピソード7では、障がいとLGBTという「ダブルマイノリティ」をテーマにして、複数の困難を抱えた人たちの生きづらさに焦点を当てた上で、そうしたダブルマイノリティの立場にある人が少しでも生きやすい社会を実現するために必要な条件を考えていきます。

ダブルマイノリティにはどんな人が多いか

ダブルマイノリティに関する正確な統計はありませんが、ＨＩＶ予防を目的としたゲイ・バイセクシュアル男性への調査では自殺やメンタルヘルスの悪化など危機的な状況にある当事者の姿が浮かび上がります。性同一性障害者の医学論文にも当事者の間で精神疾患が多いとの記述があります。

日本ＬＧＢＴ障害者・患者運動連絡会がまとめたイギリスのＬＧＢＴの精神疾患に関する報告書によると、海外でもＬＧＢＴの状況はメンタルヘルスを中心に深刻な状態が続いており、うつ病・依存症・摂食障害などの疾患に自殺やいじめ・認知症などの複雑な原因が相まって難しい問題をはらんでいます。

ＬＧＢＴコミュニティを運営されている方にお話をお聞きすると、「統合失調症を併発しているＬＧＢＴの人はかなり多い」という声が上がります。

発達障がいの相談支援の現場で働かれている方も「現場ではＬＧＢＴの問題にぶつかることが少なくない」と言います。自閉症の人の中には、他者に恋愛感情は抱くが性的欲求は抱かない非性愛者（ノンセクシュアル）や、恋愛感情も性的欲求も抱かない無性愛者（アセクシュアル）もおり、他人の性別を認識できない人、自分の性別を自認できない人もいます。

恋愛という観点から見れば、発達障がいに加えてLGBTの問題が絡んでしまうと、恋愛対象がかなり限られてしまい、出会いが難しくなります。それが他者から自分の存在を肯定される機会の欠如につながり、本人のメンタルヘルスに悪影響を及ぼしてしまう……という悪循環が起こります。

相談相手がいないという「不幸の磁石」

ダブルマイノリティの人が抱えている悩みの中で、一番に挙げられるのが「誰にも話せない」＝相談相手がいないことです。マイノリティの人にとって、同じ立場にある人と出会って、お互いの抱えている課題や悩みを話し合うことは、自己肯定感を獲得する上で非常に大切です。そのため障がいのある人の世界でもLGBTの世界でも、ピアカウンセリングやピアサポートという形で、同じ立場の人同士が話し合い、支え合うエンパワーメント（当事者が自力で問題を解決していくための力をつけられるよう支援すること）の仕組みが作られてきました。

しかしダブルマイノリティの人は、自分が抱えている悩みを周囲の家族や友人には話せない場合が多く、そもそも何を・誰に・どこに相談すればいいのかすら分からない、というケースがほとんどです。自分がダブルマイノリティだという自覚すらないこともあります。

障がいのある人には、それぞれの障がいの種類や区分に応じたコミュニティがあり、LGBTにもそれぞれのコミュニティがありますが、障がい＋LGBTというダブルマイノリティの人が参加できるコミュニティはほとんど存在しません。

障がいのある人のコミュニティの中ではLGBTに対する理解が乏しく、一方のLGBTコミュニティでは障がいに対する理解が乏しい。そのため、ダブルマイノリティの人はどちらのコミュニティにも参加できず、孤立してしまう結果になります。

あるLGBTコミュニティの主宰者が、身体障がいのある性同一性障害の人をコミュニティに誘ったところ、「自分が参加したら迷惑だから」と断られてしまったことがあったそうです。このように、本人がコミュニティへの参加を遠慮してしまうこともあります。

精神障がいや知的・発達障がいの場合、そもそも社会性の障がいのために対人関係をうまく作ることができず、交流会やイベント自体に参加できない場合もあります。

また障がいのある人向けの相談支援窓口では、担当者がLGBTの知識を持っていることは稀です。同じようにLGBT向けの相談支援の窓口でも、担当者が精神障がいや発達障がいに関する詳しい知識を持っていることは稀です。ホワイトハンズの主催する「障がい者の性」基礎研修の場でも、相談支援員の方から「障がいのあるLGBTの人からの相談に対して、どう対応すればいいか分からない」という質問が寄せられることがあります。

行政の相談窓口についても、どの窓口に行けばいいのか分からなかったり、窓口に行っても自分の置かれている状況をうまく説明できなかったりする。窓口の担当者も、知識や経験の無さゆえに本人の問題を聞き取れない。申請主義かつ縦割りの行政制度では、深刻な困難を抱えている人が自力で必要な支援を受けるための手続きを取ることはほぼ不可能です。

既存の制度や支援の谷間、コミュニティの隙間に落ちてしまうため、ダブルマイノリティの人は「相談相手がいない」という最初のステップでつまずき、制度や他者とつながることができず、抱えている問題をさらにこじらせてしまいます。

こうした環境下で、障がいとLGBTが二重の「不幸の磁石」として働いてしまい、家庭や仕事の問題、心身の健康の問題など、様々な困難を引き寄せてしまうことにつながります。

働く場所・働き方の問題

心と身体の性別が異なる性同一性障害の場合、働く場所や働き方でトラブルを抱えることがあります。そもそも求人に応募すること自体ができなかったり、面接の時点で「お帰りください」と断られてしまったりするケースもあるそうです。「心と身体の性別にかかわらず、仕事の評価が本人のスキルやキャリアに基づいて行われる社会になってほしい」と願う当事者も多いですが、一般企業の中での性同一性障害への理解はまだまだ十分に進んでいるとは言えません。そこに障がいが重なれば、働くことがより困難になることは容易に想像できます。

性同一性障害の場合、まず身体＝見た目の性別に合わせて就職活動をして、それから徐々に心の性別のことを打ち明けていく、というステップを踏んで職場に溶け込んでいく戦略をとる必要がありますが、それまで我慢できなかったり、自分を偽って演技をすることに耐えられず、失職や二次障害としての精神疾患に陥ってしまったりする人も少なくないそうです。障がい＋ＬＧＢＴのダブルマイノリティの場合、職場でのカミングアウトに関しても負担が倍増します。

一般の会社に就職ができなかった場合、女装や男装をして働けるバーやクラブなどの水商売に流れる人もいます。業界で見ると、ＩＴ関連企業にはＬＧＢＴへの理解があるところが少なくないようです。しかしそうした職場は首都圏に偏っており、地方にはなかなかありません。片道数時間かけて遠路東京まで通勤している人もいます。地方在住ということ自体が、もう一つのマイノリティになります。

介護・医療、災害など緊急時のトラブル

障がい＋ＬＧＢＴというダブルマイノリティの人が困難に直面する場面は、介護と医療です。障がい者福祉の介助の現場では、同性介助が原則です。しかし性同一性障害の人の場合、同性に着替えの介助やトイレ・入浴の介助をしてほしくない、というケースも起こります。同性愛の人の場合は、介助者に恋愛感情を抱いてしまうこともあるそうです。

そこで異性による介助を希望したとしても、今度は介助者の側が抵抗を感じる場合もあり、なかなか一筋縄ではいきません。ＬＧＢＴに理解のある介助者を見つける、あるいは育てることができれば理想ですが、そのための負担は全て本人にかかってしまいます。

身体障がいのあるＦｔＭ（身体的には女性であるが性自認が男性の人）の性同一性障害の人は、見た目が女性であり、身体が不自由というハンディキャップもあるため、周囲の男

性介助者や男性障がい者から恋愛感情を抱かれてしまい、場合によっては性暴力の被害に遭ってしまうケースがあります。

入院中の病院やカウンセリングの場では、ＬＧＢＴに対する理解や知識の不足している医師やカウンセラーに当たってしまい、心無い発言や配慮に欠けるアドバイスを受けて治療先でさらに傷ついてしまうこともあります。精神疾患があるという理由で緊急外来や入院を拒否されたケースもあるそうです。

また災害や事件・事故などの緊急かつ非日常的な場面では、障がいのある人やＬＧＢＴへの配慮が全くなされないことが多く、当事者が多大な苦痛や忍耐を強いられるケースが少なくありません。

ＭｔＦ（身体的には男性であるが性自認が女性の人）の性同一性障害の場合、パートナーや家族からＤＶや虐待を受けた際、シェルターへの避難を希望する人が「戸籍上の性別が男性だから」という理由で入所を断られる場合もあるそうです。

当事者は「自認している性別で扱ってほしい」と語ります。しかし、そのための社会的な仕組みはまだまだ整っていないのが現状です。

ダブルマイノリティの性生活

障がい＋ＬＧＢＴの人の性生活は、極めて多様です。ダブルマイノリティであるからといって、必ずしも性から遠ざかっているわけではありません。前述のＨＩＶ陽性者へのウェブアンケートでは、全体の半数近い四七・三％の人が、陽性と分かった後も月に一度以上の頻度でパートナーや特定のセックスフレンド、あるいはその場限りの相手と性生活を送っています。もちろん陽性と分かったことがきっかけで回数や人数が減ったり、セックスを楽しめなくなったりする人もいますが、病気や障がいがあるからそれだけで性生活が無くなる、ということはありません。

むしろ性に過剰にのめり込んでしまうケースもあります。地元ではなかなか同じ境遇の相手に出会えないため、ネットの出会い系サイトやスマートフォンの専用アプリなどで相手を探す人もいます。ダブルマイノリティ同士の出会いの場合、滅多に出会えない仲間と会うことができたという感激から、場合によっては出会ったその日に告白、となるケースもあるようです。恋愛感情のもつれからストーカーやＤＶにつながってしまうこともあります。一方で、非日常の世界でパートナーを見つけ続けなければならないことに疲れて、性から遠ざかる人もいます。

環境次第では、経験人数が二ケタ、三ケタと増える人もいます。不特定多数の相手との行為を割り切って楽しめる人もいますが、「セックスの経験だけは増えるが、心のつながりが得られない」という悩みを抱えて、当事者コミュニティの門を叩く人もいます。

ダブルマイノリティ同士の恋愛が継続するコツはあるのでしょうか。恋愛について、例えば周囲に「精神疾患と難病を抱えている性同一性障害の人と付き合っているのですが」と相談しても「別れなさい」と言われるだけです。ある当事者の方は、「相手の複合化された障がいを全て受け止めるのは無理なので、時には受け流すことが大切」と語ります。お互いの状況を理解して価値観を押し付けずに付き合うこと、困った時に相談できる相手を一人でも多く確保することが重要だそうです。

ろう者のLGBTをサポートする取り組み

当事者が声を上げづらく、その存在すら理解されていない状況の中、障がいとLGBTのダブルマイノリティに関しては、少しずつ支援の輪が広がりつつあります。

耳の聞こえない「ろう者」のLGBTを支援する団体「Deaf-LGBT-Center」（代表者・山本芙由美さん）では、二〇一三年にNHK厚生文化事業団わかば基金の助成金を受けて、

『ろうＬＧＢＴサポートブック』を発行しました（新設Ｃチーム企画と合同制作：関連動画とサポートブックは同団体のホームページより閲覧・無料ダウンロード可能）。

サポートブックには、ＬＧＢＴ手話用語の解説、ろうＬＧＢＴ当事者へのインタビュー、差別的な手話に関する注意事項、カムアウト（カミングアウト）をする際の注意点、メール・ＦＡＸで相談可能な機関や当事者サークルの紹介など、ろうＬＧＢＴのための情報がぎっしり詰まっています。電話による相談窓口が利用できなかったり、性同一性障害の治療のための通院や裁判所での手続きの際にＬＧＢＴの専門知識を持った手話通訳者がいない、などの問題を抱えたりする当事者の人にとって、こうした情報はとても重要です。

ろうＬＧＢＴ当事者からの声として、「聴者（耳が聞こえる人）の親と、ろう者の自分とのコミュニケーションが困難なため、カムアウトしにくい」「ろうの世界はすごく狭くてすぐに噂が広がってしまうから、気軽に恋愛しにくい」「狭い世界なので、アウティング（本人の了解を得ずに他人に本人の秘密を暴露すること）が起こりやすい」「ハッテン場（男性同士でその場限りのセックスをするための場所・施設）は、聴者中心で照明が暗いため、セックス前のコミュニケーションが難しい」といった当事者としての悩みから、「侮蔑的な手話表現がなかなか無くならない」「ＬＧＢＴ勉強会に参加する時、どの手話通訳者に頼めばいいか分からない」などのろう社会に対する不満、そして「ろう学校に手話のできる教員が少なく、ＬＧＢＴに関する相談がしにくい」「ろう学校にも手話によるＬＧＢＴ教育を取り入れてほしい」といった提言まで、様々なメッセージが掲載されています。

Deaf-LGBT-Center では、今後全国の当事者団体や手話通訳の研究会・サークルに対して、ろうＬＧＢＴの存在を知ってもらい、ＬＧＢＴ手話表現に関する勉強会や研修の開催、情報提供や相談ネットワークの構築などの活動を行っていく予定です。

ソーシャルアクションとエンパワーメント

代表者の山本さんは、今後の展望について次のように語っています。

「ろうとＬＧＢＴは二つのアイデンティティを持つマイノリティです。ろうコミュニティにも完全に打ち解けにくい、ＬＧＢＴコミュニティにも入りにくい、というような問題に直面することがあります。ろうＬＧＢＴをただ二重のマイノリティと捉えるのではなく、ろうＬＧＢＴを一つの存在と考え、ろうコミュニティ、ＬＧＢＴコミュニティとも違った、ろうＬＧＢＴコミュニティこそがそれらの人たちにとっては必要であると思っています。そのような中で、私たち『Deaf-LGBT-Center』はろうＬＧＢＴを支援する団体として、情報発信やワークショップ・講演・研修会の主催、講師派遣、派遣講師の育成などを行い、誰もが暮らしやすい社会を目指しています」

ダブルマイノリティの人同士がつながるためには、既存の家族会や患者会、障がい者コミュニティやＬＧＢＴコミュニティとは異なる、より個別の状況や障がい特性に特化したコミュニティが必要です。

歴史的に見ると、身体障がいに関しては当事者が運動団体を作り、自分たちのニーズを社会に直接訴えていきました。精神障がいや知的障がいに関しては当事者が社会に直接働きかけていくことが難しいため、主に家族会などが当事者を代弁して活動を行っていました。

しかしＬＧＢＴが絡むと、社会的なスティグマによって家族や世間へのカミングアウトが困難になり、当事者同士がつながることが難しくなったり、家族会などの支援者や代弁者側にも十分に情報が上がってこなくなったりする場合があります。またセルフスティグマ（自分自身に対する否定的なイメージや偏見）の問題もあって、そもそも本人がダブルマイノリティの当事者であることを認識していない（受容できない）場合もあります。

社会的なスティグマを緩和するためには、支援者への情報提供や啓蒙といったソーシャルアクション（社会に働きかける活動）を通して、行政の相談窓口や各種コミュニティにおける障がいとLGBT双方の理解度を上げていく必要があります。社会の障がい理解度、そしてLGBT理解度が低い状態では、障がい＋LGBTのダブルマイノリティまで想像力が働きません。行政や教育の現場でも「自分の周りにはいない」「会ったことが無い」という理由で、理解や支援が一向に進まないこともあります。

セルフスティグマを緩和するためには、同じ当事者によるエンパワーメントが有効です。ダブルマイノリティであることを認識・受容するためには、同じ境遇の当事者が集う交流の場に参加して、他人を鏡にして自分を見つめ直す必要があります。

このソーシャルアクションとエンパワーメントという二つの車輪を回していくために、より個別の状況や障がい特性に特化した、ダブルマイノリティ独自のコミュニティが必要になります。孤立しがちな当事者に「あなたは一人じゃない」というメッセージを伝え、見えにくいLGBTの中でもさらに見えにくいダブルマイノリティの存在とニーズを社会に発信できるスキルを持ったコミュニティが増えていけば、ダブルマイノリティの人がきちんと自己肯定感を育める仕組みを作ることができるはずです。

非当事者をいかに巻き込むか

ダブルマイノリティの社会的支援に関しては、当事者が集うコミュニティを起点にしてソーシャルアクションとエンパワーメントを行っていくことに加えて、「非当事者をいかに巻き込むか」という視点が重要になります。

この点も含めて、ダブルマイノリティの社会的支援の在り方について、障がいなどを持つLGBTのためのピアサポート・政策提言・調査研究活動を行っている「日本LGBT障害者・患者運動連絡会」の代表を務める吉田貴昭さんにお話を伺いました。

吉田さんご自身は発達障がいの当事者であり、LGBTの非当事者です。LGBTの世界や市民活動に関心のあった吉田さんは、LGBTのコミュニティの中で発達障がいや引きこもりの当事者に出会う機会が多くありました。しかし、そういった人たちに特化した支援や情報提供を行っている団体は全く存在していませんでした。そこで吉田さんは、発達障がいの当事者である自身の経験、そしてLGBTの非当事者という立場を活かして、当事者のために何かできることをしたい、という思いで団体を立ち上げました。

「LGBTに関する医療政策はHIV対策しか行われていませんが、LGBT全体を見ればHIV陽性者の人口よりうつ病の人口が多いはずです。もちろん、LGBTだからうつ病になりやすい、というわけではありません。直接的には、多くの人はセクシュアリティとは無関係な原因、例えば失業や過労によって精神疾患になっている。しかし証明できなくても背景にはＬＧＢＴであることが絡んでいると思います。そういった障がいは、社会から不当に与えられたものです。受け入れずに、はねつけなければいけません。

就活支援や職場環境の改善など、『働きたいＬＧＢＴ』への社会的支援は徐々に行われてきていますが、『働けないＬＧＢＴ』への社会的支援はほぼ皆無です。精神疾患に関しては予防が第一なので、過労や失業でうつになったＬＧＢＴを代弁して行政に情報提供したい。メンタルヘルスの問題を抱える原因の調査・分析もしていきたいです。

当事者の声を聴くと、カウンセリングや治療よりも、差別の解消や同性婚の実現などＬＧＢＴにとって暮らしやすい社会を求める大局的な要望が多い。ゆえにソーシャルアクションが必要になりますが、ＬＧＢＴの当事者が必ずしもＬＧＢＴの全体像を知っているわけではない。むしろ非当事者の支援者の方が、全体像を把握した上で適切な支援を提供できる場合もある。社会を動かしていくためには、色々な立場の人を巻き込んだ方が手っ取り早い。ＬＧＢＴとメンタルヘルスの問題も、社会に対して訴求力のある主張がどこまでできるか、それによってどれだけ多くの非当事者を巻き込めるか、が課題です」と、吉田さんは言います。

ダブルマイノリティの抱えるもろさ

ダブルマイノリティに対する支援の成否は、エンパワーメントの場面でも、ソーシャルアクションの場面でも、どれだけ多くの非当事者に関わってもらえるかによって決まります。コミュニティを作る場合でも、非当事者のメンバーの参加によって運営が安定・発展する場合が少なくありません。

しかし非当事者を巻き込んでいく上で、他でもないダブルマイノリティの当事者自身が、非当事者を排除する「壁」になってしまうことがあります。マイノリティの人であればあるほど、複合化された困難を抱えている人であればあるほど、どうしても非当事者である支援者や賛同者を「当事者じゃないくせに」「理解が足りない」と批判してしまったり、差し伸べられる支援の手を「必要ない」「余計なお世話」と拒絶してしまったりする傾向があります。

またマイノリティの人自身が、他のマイノリティを差別する側に回ってしまうこともあります。マイノリティの人だから、必ずしも他のマイノリティにも理解や共感を抱いているというわけではなく、自分以外のマイノリティには無関心・冷淡である場合も少なくありません。いわゆる「ネット右翼（ネット上で中国・韓国の人を誹謗中傷している人たち）」の中には、心身に障がいのある人やLGBTの人も少なくない、という話も聞きます。

さらに同じLGBTであるからといって、働けるLGBTが働けないLGBTに理解があるとも限りません。むしろ能力のある当事者はそうした問題を抱えた当事者を煙たく感じ、問題を隠したり一部の当事者を排除したりします。HIVの問題にも同じことがいえます。

ダブルマイノリティは、心身にもろさを抱えた人たちです。普段は普通に生活しているように見えても、過労や失職などの問題が起こった場合、一気に体調を崩してしまいやすい。また精神的なもろさゆえに、他者に対して不必要な拒絶や攻撃的な振る舞いをしてしまうこともあります。

ただそういったもろさは、ダブルマイノリティの人に限らず、誰もが抱えているものではないでしょうか。その意味では、ダブルマイノリティの人たちは決して特別な存在ではありません。

当事者と非当事者のグラデーション

異性愛者と同性愛者との間に明確な境界線が引かれているわけではないことと同様、ダブルマイノリティの当事者と非当事者の間には、明確な境界線が引かれているわけではありません。両者の間には、白と黒だけでは分けられない、虹色のようなグラデーションがあります。そうしたグラデーションの存在を考えれば、必ずしも「当事者であること」や「非当事者であること」にこだわる必要はないはずです。

ダブルマイノリティは、文字通り二重に見えづらく、二重に分かりづらい存在です。障がいの無い大多数の非当事者にとって、ダブルマイノリティの人たちが抱える問題を「自分事」として理解することは難しいかもしれません。どれだけ想像力を働かせても、しょせんは「他人事」にしか思えないかもしれません。

しかし、ここまで本書を読まれてきた方は、ダブルマイノリティの問題を「自分事」として考えることまではできなくても、「社会事」＝社会の問題として考えることは、比較的容易にできるのではないでしょうか。

当事者が様々な理由からコミュニティを形成できなかったり、社会に情報を発信することができなかったり、心身のもろさゆえに活動を継続的に行えなかったとしても、問題を

「社会事」とみなして長期的な視野で関わってくれる非当事者の存在があれば、問題を一過性のニュースとしてではなく、解決すべき社会問題として位置づけ、粘り強く訴え続けることができます。

ダブルマイノリティの当事者と非当事者が、お互いの違いを虹色のグラデーションとして受け入れた上で、問題を「自分事」でも「他人事」でもない「社会事」として認識することによって初めて、私たちは、ダブルマイノリティの人が生きやすい社会を目指すための羅針盤を手に入れることができるのではないでしょうか。

エピソード8

性産業で働く女性障がい者

性風俗の世界を、司法と福祉の光で照らす「風テラス」

二〇一五年一二月三一日夕方、大みそかの全国のお茶の間に衝撃的な映像が流れました。テレビ朝日の報道番組「スーパーJチャンネル」で、東京都内の性風俗店で働く障がいのある女性たちが、店の待機部屋で弁護士と臨床心理士に生活相談をしている場面が放送されたのです。

この生活相談会の名前は「風《ふう》テラス」。ホワイトハンズが発起人となって開始したこの事業は、「性風俗の世界を司法と福祉の光で照らす」ことを目的にしています。目的に賛同してくださった弁護士・社会福祉士・臨床心理士の有志でチームを作り、性風俗店の待機部屋をお借りして、そこで働く女性たちに対して無料の生活・法律相談サービスを提供しています。

本書の最後のエピソードでは、「性産業で働く女性障がい者」の問題を取り上げます。風テラスの試みから見えてくる彼女たちの「現在」と、障がい者福祉や婦人保護施設の歴史から浮かび上がる彼女たちの「過去」の双方に焦点を当てながら、障がいのある人の生と性の自己決定の問題を考えていきます。

障がいのある女性が性風俗店に集まる理由

風テラスは、都内の激安風俗店の待機部屋で毎月定期的に開催しています。激安風俗店とは、その名の通りわずか数千円で遊べる超低価格の店です。激安店に集まる女性たちは、年齢や体型、性格などに問題があるため、他の店の面接で不採用になった人たちが大半を占めています。そしてその中には、精神障がいや発達障がい、軽度知的障がいを抱えた女性たちが少なからず存在しています。

こうした現実を知ると、多くの人は「障がいのある女性は、性風俗の世界で働くよりも福祉サービスを利用した方がいいのではないか」「なぜ彼女たちは福祉サービスを利用しないのか」という疑問を抱くかもしれません。こうした女性たちは、どのような事情でこの世界に入ってくるのでしょうか。なぜ福祉サービスを利用しないのでしょうか。

精神疾患を抱えている女性を例にして考えてみましょう。精神疾患のある人は、朝決まった時間に起きられないことが少なくありません。また集中力が一定時間以上どうしても持続しなかったり、薬の副作用で思うように頭や身体が働かないこともあるため、周囲との人間関係をうまく築けなかったりする場合もあります。

つまり決まった時間に起きて、決まった時間に出社し、決まった時間勤務して、決まった時間になったら退社する、という通常の働き方をすることが難しいのです。

また家計の管理や貯蓄がうまくできず、買い物やギャンブルであっという間にお金を散財してしまうこともあります。そうした人の中には、毎月一回の給料日までお金が入るのを待たなくてはならない仕事よりも、必要な時に必要なだけのお金をすぐに稼げる仕事に就きたい、というニーズを持っている人もいます。

彼女たちが生活を成り立たせるためには、自分の体調や気分に合わせて勤務日時を決めることができ、遅刻や当日欠勤をしてもクビにならず、現金日払いで給与をもらえる職場を探す必要があります。常識的に考えれば、そんな職場はありません。障がい者の就労支援やハローワークでも、そうした職場を開拓・斡旋できることはまずないでしょう。

福祉の世界で仕事を探すとなると、就労継続支援B型事業所（一般企業に就職が困難な人に対して、雇用契約を結ばずに働く場を提供する事業所）という選択肢がありますが、平成二四年度の厚生労働省の統計によれば、B型の平均工賃は月額一万四一九〇円。時給に換算するとわずか一七六円です。雇用契約を結ぶA型事業所に関しても、平均工賃は月額六万八六九一円。時給換算で七二四円。福祉の世界で働くことを選んだ時点で、どうしても最低賃金以下、もしくは最低賃金ギリギリの仕事になってしまいます。

つまり障がいのために一般企業に就職することが困難な女性が、障がいを抱えながら最低賃金以上のお金を稼ぐことのできるほぼ唯一の職場が性風俗になっているという現状があるのです。

知的障がいのある女性の困難

風テラスに相談に訪れたある三〇代の軽度知的障がいの女性は、ホストへの借金で困っていました。ホストクラブには「売り掛け（ツケ）」という制度があり、当日現金を持っていなくても「月末までに支払うから」等の約束をしてお酒を注文することができます。ホストの側も、その女性を次回も来店させるための口実になるので、むしろ積極的に売り掛けを作らせることもあります。つまり収入の少ない障がいのある女性でも、現金を持たずに飲むことができてしまうのです。

軽度知的障がいがあり、スリーサイズが全て一〇〇を超えている肥満体型の彼女は、風俗店で働いてもなかなか思うように稼げないため、生活保護費や障害年金で得た収入をそのままホストにつぎ込んでいました。

生活保護を受給している人に対する風当たりが強い現在では、彼女のこうした振る舞いは「けしからん」「不正受給だ」とバッシングの対象になるかもしれません。しかし、彼女がホストにのめり込む背景には、当然ですが理由があります。必要なのは当事者を感情的に叩くことではなく、背景にある理由をきちんと聞き取って解決策を考えることです。

詳しく話を聞いてみると、彼女は子どもの頃から複雑な家庭環境にあり、未婚の状態で産んだ五歳の娘もいることが分かりました。障がいのある彼女の力では一人で娘を育てられないため、北陸の地方都市にある実家に預けています。実家にいる母親と姉が、彼女の娘の世話を全てしているのですが、そのことで姉とはほぼ絶縁状態だそうです。障がいのある人のきょうだいの問題はエピソード4でも取り上げましたが、姉の立場から見れば、知的障がいのある妹が無計画につくった子どもの世話を全て押し付けられるのは、経済的にも精神的にも計り知れない負担になるはずです。

母親と姉の負担を少しでも減らすべく、彼女は娘の養育費として一定額を実家に仕送りしています。しかしそのお金の出どころは自分の生活保護からです。生活保護はあくまで受給している本人の生活のために使うものであり、第三者への仕送りのために使ってはいけないので、ケースワーカーに知られてしまったら生活保護を打ち切られるリスクがあります。

少しでも生活費を減らすために、生活保護の住宅扶助を受けられる上限額の家賃のアパートに引っ越しました。しかし引っ越す前のアパートでトイレを壊してしまい、弁償のための多額の借金も抱えてしまいました。糖尿病でインシュリンを打っているため、体調も思わしくありません。また最近、生活援助のために自宅を訪れたヘルパーを殴ってしまい、行政窓口でもヘルパー派遣を断られるようになってしまいました。売り掛けの支払いを求めるホストからの催促や嫌がらせも受けているそうです。

まさに、知的障がいがあらゆる困難をひきつける「不幸の磁石」として働いてしまっている状態です。こうした背景の中で、現実の困難や苦痛から一瞬でも逃避するために、ホストに癒しを求めて通い続けてしまう……という悪循環があることが分かりました。

弁護士・臨床心理士からのアドバイス

彼女の話を聞いた風テラスの弁護士と臨床心理士が問題を整理しました。問題点は「知的障がいがあること」「金銭管理ができないこと」「ホスト以外に寂しさを埋める場がないこと」の三つです。全ての問題を一度に解決することはできないので、まずは問題を小分けにして着手することにしました。複合化された困難を抱えた障がいのある人の支援は、一回の相談だけで終わることはまず無く、場合によっては数年単位で継続して行っていく必要があります。

後日改めて弁護士事務所に相談に来てもらうことになり、弁護士が名刺の裏に相談の際に持参する必要がある書類一覧を書いて、彼女に渡しました。それを見ていた臨床心理士の相談員が、すかさず「名刺を無くすと悪いから、スマホで写真を撮っておいて！」と助言しました。

性風俗で働く障がいのある女性は、決して福祉につながっていないわけではありません。今回相談に訪れた女性も、生活保護や障害年金といった制度にはきちんとつながっていました。しかし、ここまで見てきた通り、制度につながるだけでは彼女の抱えている問題は決して解決しません。

彼女にとって真の問題は、「制度にはつながっているが、人とつながっていない（つながれない）」ことです。せっかくの生活保護費をホストにつぎ込んでしまったように、生活の基盤となるような職場や居場所、心のよりどころとなるような人間関係が無い状態で、機械的に制度とだけつながってしまうと、むしろ問題をより悪化させてしまう原因になることもあります。障がいがあれば、制度とはつながれる。しかし障がいがあるために、人とはつながれない。ここに大きなジレンマがあります。

性風俗で働く障がいのある女性には、制度とのつながりだけでなく、人とのつながりが必要です。しかし彼女たちは表社会から極めて見えにくく、理解されにくい存在です。どれだけ生活に困窮していても、「自己責任」「自業自得」として切り捨てられてしまいます。

また他者とコミュニケーションをとること自体が困難で、場合によっては支援者を攻撃してしまうために、周りからさじを投げられてしまうこともあります。仮に長い時間を費やして支援したところで状況が改善する可能性は低いため、支援自体が後回しにされたり、場合によっては「存在していないもの」として処理されたりしてしまう。極めて他者や社会とつながりにくい存在なのです。

しかし障がい者福祉の歴史を紐解くと、そうした「見えにくい存在」「理解されにくい存在」である彼女たちと、何とかして人としてのつながりを取り戻そう、と孤軍奮闘した先人たちの姿が見えてきます。以下、彼女たちとのつながりに生涯を賭けた二人のキリスト者を紹介します。

日本初の知的障がい児施設の背景にキリスト教思想

東京都国立市にある滝乃川学園は、一八九一（明治二四）年に創設された日本で最初の知的障がい児の教育・福祉施設です。創立者の石井亮一は、立教大学在学中にキリスト教の教えに感銘を受けて信徒となり、若くして立教女学校の教頭に就任して女子教育に取り組んでいました。そんな中、震災で親を失った少女たちが人身売買の業者によって売春させられている状況、そしてその中に当時「白痴」と呼ばれていた少女がいる状況に衝撃を受け、私財を投じて現在の滝乃川学園の創設に着手しました。

この行動の背景には、「いと小さきものに為したるは、すなわち我に為したるなり」（新約聖書マタイ伝・第二十五章四十）というキリスト教の精神があります。つまり、最も社会的に弱い立場にある人こそがキリストそのものであり、そうした人たちを助けることこそが、神への信仰の良き表れである、とする思想です。

女子教育自体が全く不十分であった明治という時代に、石井亮一が女性の中でも弱い立場にある震災で親を失った少女たち、さらにその中でも最も弱い立場にある知的障がいのある少女たちの教育や福祉に生涯をささげる決意をした背景には、こうしたキリスト教の教えがあります。

知的障がいのある女性と売春の関係

滝乃川学園の例を含めて、日本の障がい者福祉の歴史を紐解くと、その出発点には障がいのある人の性の問題が深く関係していたことが分かります。その意味で、障がいのある人の性の問題は「福祉の原点」そのものです。決してタブーでもなければ、ニッチな問題でもありません。

戦後間もない時代の行政の統計では、売春女性の中における知的障がいのある女性の割合が調査されています。一九五六（昭和三一）年に売春防止法が制定される以前には、かなりの数にのぼる知的障がいのある女性が売春に従事していたと考えられています。

売春防止法の施行以降、売春をする女性は保護・更生の対象となります。そのため売春を行っていた知的障がいのある女性の多くは婦人保護施設に入所することになります。昭和三四年度版の『厚生白書』では、婦人保護施設の入所者のうち、知能指数一〇〇以下の女性が八九％で、そのうち知能指数七〇以下が三七％であることが報告されています。すなわち、入所者の大半が軽度～中度の知的障がいを持っていたということになります。

沢木耕太郎が描いた「かにた婦人の村」

一九六五年、千葉県館山の旧海軍砲台跡に婦人保護長期収容施設「かにた婦人の村」が設立されます。通常の婦人保護施設は、女性の社会復帰を目的とした「更生するための場」ですが、かにた婦人の村は「生き続けるための場」です。〝長期〟収容施設という名の通り、心身に障がいを抱えながら売春を続けた結果、もはや更生が不可能なまでに壊れ果ててしまった女性たちがその後の一生を過ごす場として設立されました。

創立者は、牧師の深津文雄。深津牧師は、滝乃川学園の石井亮一と同じように「いと小さきものに為したるは、すなわち我に為したるなり」の理念の下、行政との粘り強い交渉を重ねて、この館山の地に、社会からも福祉からも弾かれてしまった女性たちの最後の行き場所となる約束の地＝「コロニー」をつくることを目指しました。設立当初、かにた婦人の村には全国の施設から「社会復帰の見込みがない」と判断された女性たちが次々に送り込まれ、さながら姥捨て山の様相を呈していました。

ノンフィクション作家の沢木耕太郎は、かにた婦人の村を訪れた経験を「棄てられた女たちのユートピア」（新潮文庫『人の砂漠』に収録）というルポルタージュにまとめています。

ルポの中では、二人きりになると職員を誘惑してくる女性、男性の訪問者から住所を教えてもらっただけで結婚の約束をしたと思い込んでしまう女性、脱走を繰り返す女性など、社会から「棄てられた女たち」の様々な姿が描かれています。

売春の世界で生き抜いてきた女性たちは「しょせん男なんて偉そうなことを言っていても、女が裸になれば身体を欲しがる動物だ」という抜きがたい信念を持っています。世の中や男性に対して、そして何より自分自身に対して、何も期待を抱いていないのです。

そうした女性たちに対して、深津牧師は「俺はお前たちと一緒に、この土地で死んであげるぞ」という殺し文句を使いました。女性たちにとって「一緒に死のう」と言ってくれる相手は初めてだったに違いありません。彼は「神を信じる暇があったら、目の前にいる人間を信じろ」と職員に語っていました。宗教家でありながら徹底した現実主義者であり、ほぼ独力でこの「ユートピア」を築き上げたこの人物を、沢木は「怪物」と評しています。

彼女たちにとっての幸福とは何か、誰がそれを決めるのか

ルポの終盤で、沢木はその「怪物牧師」と問答をします。沢木は、かにた婦人の村の社会的意義を十分に認めながらも、「去就の自由が無く、男性との出会いやセックスも無く、

家庭や子どもを持つこともできず、女として生きることができない状態で、ただ死ぬのを待つばかり、という彼女たちは、本当に幸福なのか？」という問いを深津牧師に投げかけます。

沢木の問いに対して、深津牧師はこう答えます。「幸福であることと、幸福だと思うことは違う。彼女たちがどう感じようと、幸福であることには違いない」

すなわち、確かに社会には出られないかもしれないが、障がいや病気を抱えた天涯孤独の彼女たちが仮に社会に出たとしても、また売春の世界に戻ってしまうだけであり、できることは何もない。本人がしたいようにさせることが、実は一番の不幸ではないのか。だから、彼女たちが人間としてどうあらねばならないのか、彼女たちにとっての幸福が何なのか、ある程度の強制力を持って第三者が判断することも必要だというのが、深津牧師の主張です。

時代は過ぎ去り、沢木と深津牧師が問答をしてから四〇年以上の年月が経ちました。障がいのある人たちを人里離れた施設に閉じ込めるのではなく、住み慣れた地域で暮らせるようにしようという脱施設化の動きに伴い、大規模なコロニーは解体されるようになってきています。

また全国の婦人保護施設も大半が定員割れで、売春女性の保護更生施設としては十分に機能していません。二〇一五年に発行された『婦人保護長期入所施設　かにた婦人の村創立五〇周年記念誌』によると、二〇一五年時点での入所者数は定員一〇〇名のうち七〇名。そのうち五八名は六〇歳以上で、最も人数が多い世代は七〇代の二四名。三〇年以上在所している人は四四名。「長期入所施設」の名の通り、入所者が固定化・高齢化していることが分かります。

本来婦人保護施設の利用対象になるような女性たちの多くは、激安風俗店や個人売春での稼ぎに生活保護や障害年金をどうにかつなぎ合わせながら、結果的に住み慣れた地域の中で生活しています。

「彼女たちにとっての幸福が何なのか、ある程度の強制力を持って第三者が判断することも必要」と主張した深津牧師の夢想したユートピアは、結局実現しませんでした。結果的に彼女たちは「何が自分にとって幸福なのかを、第三者に決定してもらう」生き方ではなく、「何が自分にとって幸福なのかを、他の誰でもなく自分自身が決める」生き方を選んだ、と言えるかもしれません。

障がいのある人の「意思決定支援」

近年、障がいのある人の「意思決定支援」が話題に上るようになっています。これまで障がいのある人は「自分のことを自分で決められない存在」だと考えられてきたため、いつ・どこで・誰と生活や仕事をするのか、どのような福祉サービスを受けるのかを、本人の代わりに家族や行政が決定していました。

しかし障がいのある人が「自分のことを自分で決められない存在」である、というのは周囲の勝手な思い込みに過ぎません。障がいがあったとしても、適切な教育を受けて、様々な経験と知識を獲得すれば、そして周囲が本人にとって分かりやすい形で選択肢を説明・提示することができれば、かなりの程度、自分のことは自分で決めることができるはず。こうした考えに基づいて、本人が「自分で決める」ための支援をすることを、意思決定支援と呼んでいます。

障がいのある人が意思決定をする場合には、当然ですがリスクを伴います。誤った意思決定をすることで失敗してしまったり、自分を傷つけてしまったりすることもあります。それでも、意思決定支援では「リスクを取る権利を含めて、本人の意思を尊重しよう」という立場を取ります。

意思決定支援は、全ての福祉サービスや権利擁護の前提となる、非常に重要な支援です。しかし障がいのある人の意思決定を真の意味で支援することは極めて困難です。長年付き合っている介助者や、何十年も一緒に生活している家族ですら、本人の意思を一〇〇%理解して代弁できるということはありえません。知的障がいや発達障がいがあれば、なおさらです。むしろ長年付き合えば付き合うほど、分からないことが増えていく場合もあります。

現実的には、本人のことを知っている家族・職員・専門家などの複数の人が意見を出し合って、そこで出た結論を「本人にとって最善の選択」とみなして代理実行していくという形にならざるをえません。

しかしそうした過程で決定された「本人の意思」は、どうしても生活の「安定」や「現状維持」に主眼を置いたものになります。間違っても「性風俗店で働いて生活費を稼ぐ」といった、現状から飛躍した結論が出てくることはありません。つまり、生活の安定や現状維持を第一に考える家族や職員の意思が如実に反映されてしまっているわけです。果たしてそれは、真の意味での「意思決定支援」といえるのでしょうか。

リスクを取る権利を含めて、本人の意思を尊重すべきか？

冒頭の風テラスの話に戻りましょう。性風俗店で働く障がいのある女性たちの多くは、自分の意思で働いています。もちろん、障がいがあることにつけ込まれて、悪質なスカウトマンや違法な店舗に利用・搾取されている人も中にはいると思いますが、少なくとも風テラスに相談に来る女性たちは、明確に自分の意思で求人に応募し、自分の意思で継続して働いています。

言うまでも無く、障がいのある女性が性産業で働くことは、心身ともに大きなリスクを伴います。その一方で、彼女たちの抱えている経済的・精神的なニーズは福祉では決して満たせない、という現実があります。そして性産業だけが彼女たちのニーズを満たすことができ、それゆえに一部の女性にとってはそこが唯一の居場所になっている、ということも紛れもない現実です。

「リスクを取る権利を含めて、本人の意思を尊重しよう」という意思決定支援の立場からすれば、性産業で働く彼女たちに対して、頭ごなしに「辞めろ」ということはできないはずです。障がいのある女性が性産業で働くことは、決して「奨励」されるべきことではありませんが、かといってその全てを「症例」＝治療や更生の対象とみなしてしまうこともできないはずです。

意思決定支援の立場からすれば、性産業で働く彼女たちに対しては、辞めさせようと躍起になったり、「救済すべき被害者」とみなして一方的な善意を押し付けたりするのではなく、「働きたい」「稼ぎたい」という本人の意思を尊重した上で、風テラスのような仕組み＝働く女性が自力では解決困難なトラブルを抱えた時、すぐに第三者が支援の手を差し伸べられるような仕組みの整備を通して、間接的に見守るしかないのかもしれません。

それと並行して、性産業以外の仕事場や居場所の選択肢を増やすためのソーシャル・アクションも必要になるでしょう。意思決定のための選択肢そのものが乏しい状況では、当然適切な意思決定はできません。障がいのある女性たちを性産業に従事させないためには、きれいごとを並べるだけではなく、性産業と同程度、もしくはそれ以上に「稼げる」「心が満たされる」選択肢を、社会が用意する以外に無いのですから。

障がいのある人の意思決定支援に「正解」はありません。しかし毎日の生活の中では、場面に応じてその都度一定の「結論」を出し続けなければなりません。正解が無いということを言い訳にせず、正解が無いからこそ、その日・その時・その場面に応じて、少しでも本人の意思に近い結論を導き出せるよう、努力していく必要があります。

性産業で働く障がいのある女性たちのユートピアとして深津牧師が構想した長期入所型の婦人保護施設は、大多数の女性たちにとってユートピアにはなりえませんでした。しかし、障がいのある女性たちが自らの意思決定で選び取った激安風俗店の世界が彼女たちにとってのユートピアになっているとは、お世辞にも言い難いのが現状です。

それでは、真のユートピアは一体どこにあるのでしょうか。その在り処は未だはっきりと分かっていませんが、少なくとも障がいのある人と無い人、双方の主張と意思決定が等しく尊重される社会（言い換えれば、どちらかの意思決定だけが無条件で承認されてしまうことのない社会）であることだけは確かです。

そう考えると、真の共生社会とは障がいのある人と無い人との間に一切の摩擦が生じない「誰も傷つかないユートピア」では決してなく、両者が日々ぶつかり合って、諦めや妥協と闘いながら、お互いに少しでも分かり合うために知恵を絞り続け、悩み続けることでようやく成り立つ「傷だらけのユートピア」なのかもしれません。

エピローグ　生と性のバリアフリーを目指して

ある脳性まひの男性の生と性

ここまで、様々な角度や視点から障がいのある人の性の世界を眺めてきました。最後は、広げた視点をぎゅっと絞り込んで、ある一人の脳性まひの男性の生と性にスポットライトを当てます。男性が経験してきた出来事や事件に、これまでのエピソードで出てきた論点や知見を重ね合わせながら、障がいの有無にかかわらず、全ての人が生涯にわたって自らの性に関する尊厳と自立を守ることができる社会の在り方を考えていきます。

原伸光さん（仮名）は、脳性まひの障がい当事者です。一九五〇年代の後半に八人きょうだいの末っ子として生まれました。

伸光さんが生まれる時、「母親の体力が持たない」と医師から告げられて、妊娠八ヵ月で帝王切開に踏み切りました。医師からも両親からも「この子は産まれても生きることができない」と判断されて、オムツなどは用意されなかったそうです。

未熟児として何とか無事に生まれた後も、すぐに熱を出す病気がちな子どもで、成長しても首が据わらず正座もできない状態だったそうです。

当時は障がい児への理解が乏しかったため、周囲の人々からは「子どもの作りすぎで奇形児ができた」とか「父親が猟師で動物の命を取りすぎたから、罰が下った」などの誹謗や中傷の声も寄せられました。障がい者は不幸な存在であり、生まれてこない方が本人と社会のためだという考えが支配的だったのです（⇒エピソード2を参照）。

そうした環境の中でも、両親は伸光さんに愛情をたっぷりかけて育ててくれました。父親は自分のあぐらの上に伸光さんを乗せて、足を開けるように訓練してくれました。母親と祖母は、転んでも痛くないようにと部屋に座布団を敷き詰めて、正座をする訓練をしてくれました。そのおかげで伸光さんは座位がとれるようになり、足の硬直も回避できたため、あぐらもかけるようになりました。

就学免除、そして療護施設へ

伸光さんは学校に行ったことは一度もありません。一九七九年に養護学校が義務教育化されるまで、多くの障がい者は「就学免除」という名目で、本人や保護者の意思にかかわらず学校に行くことができませんでした。

六歳になる時、民生委員の人が来て「身体が不自由だから学校には行けないので就学免除の手続きをとるように」と言われました。

「なんで学校に行けないの」と愚図って母親を困らせたことを、今でも伸光さんは思い出すそうです。自分以上に母親の方がずっと辛かったはずだった、と。

兄や姉の結婚式には一度も出席したことがありません。「障がい者の弟がいたら、まとまる縁談も壊れる」という考えが当時の社会の常識でした。障がいのあるきょうだいの存在は、今以上に、公の場で語るべきではないことだったのです（⇒エピソード4を参照）。

二〇歳になった時も、「成人式には介助者が同伴でなければ出席できない」と言われました。案内状の「欠席」に丸をつけて提出したところ、後日安っぽいボールペンが届きました。「これが自分の成人した証しなのか」と思うと悔しくなり、ボールペンを叩き折りました。

同じ年に、父親が他界。翌年に祖母も他界し、きょうだいも多くが都会に出て行ったため、伸光さんは隣町にある療護施設で暮らすことになります。施設に入所して案内されたのは、カーペットの敷かれた五人部屋でした。部屋にはテレビが一台と各個人の布団が用意されており、トイレは隣の部屋と共同の和式。間仕切りは、上から吊るした一枚のカーテンだけ。プライバシーもへったくれもありません。白い壁を拳で叩きながら、伸光さんは「いつか絶対にここを出る」と胸に誓いました。

施設で嫌だったことは、職員の言動でした。「世話をしてやっている」という気持ちを露骨に表す職員がおり、「学歴も無いのに逆らうな」とまで言われたことがありました。

悔しさの中で、反論できない自分の力の無さを知った仲光さんは、障がい者運動や政治活動に積極的に参加するようになります。施設の外部とのつながりをつくることと同時に、自らも外に出ることを心掛けて活動を続けました。障がいのある当事者が集うコミュニティを起点にして、非当事者である健常者を巻き込みながら、ソーシャルアクションとエンパワーメントを行っていったのです（⇒エピソード7を参照）。

ホステスとの初体験

初体験は二三歳の夏でした。地元から単身車いすで東京に遊びに来て、新宿歌舞伎町のネオン街を手動車いすでフラフラと飲み歩いていたところ、たまたま入り口に段差の無いキャバレーを見つけて入りました。

今から三〇年以上前にもかかわらず、その店はバリアフリーが当然という雰囲気で、とても居心地の良い空間でした。ホステスも車いすの客は当たり前という感じで、「お客には変わりないですよ」と笑顔で接していました。

会話の中で、仲光さんが童貞であることを話したら、一人のホステスから「隣のアパートでできるわよ。私が相手してあげる」と言われたので、軽い気持ちで「お願いします」と伝えました。

隣のアパートの二階に部屋があったので、伸光さんは車いすを降りて、強面のお兄さんたちに抱きあげてもらって階段を上りました。和室の中でホステスのおねえさんと二人きりになった時は、さすがに緊張で酔いが覚めました。

二六歳だという彼女は手際よく準備をしてくれました。洗面器にお湯を汲んでタオルを用意した後、伸光さんを全裸にすると、ためらうこと無く自分も全裸になり、タオルで全身を拭いてくれました。

その後、避妊具の着け方から、女性の身体がどうなっていて、二人で気持ちよくなるためにはどうすればいいのかということを、文字通り手取り足取り教えてもらいながら、丁寧にセックスをしました。翌朝五時まで二人でゆっくりとした時間を過ごしました。

もちろんボランティアではなく有料のサービスなので、彼女と過ごした一晩の料金は四万五〇〇〇円でした。三〇年前の相場としては、そして障がいのある人にとってはかなりの金額です。

しかしこの一夜の体験を通して、伸光さんは「身体が不自由でもセックスはできるんだ」という大きな自信と喜びを感じることができました。障がいのある人が自分一人の判断で意思決定をする場合には、当然ですが一定のリスクを伴います（⇓エピソード8を参照）。車いすで、しかも酔っぱらった状態で初対面の相手と一夜を過ごすのは、騙されたり、障がいにつけ込まれてお金を巻き上げられたりする可能性も当然あったわけです。そして女性にお金を払って性的関係を結ぶことは、社会的にも決してほめられた行為ではありません。

しかし伸光さんは自分の判断と責任で、リスクのある意思決定を行いました。その結果、初めてのセックスを達成したことで、大きな自己肯定感を得ることができました。そして、それがその後の社会参加のための原動力にもなっています。

福祉の教科書に出てくるようなきれいな話では全くありませんが、自己肯定感を育むには、良い経験も悪い経験も含めて、自分の意思で試行錯誤を重ねる必要があります。そうした試行錯誤の積み重ねが性的な自立につながり、ひいては社会的な自立につながる（⇓エピソード1を参照）のです。

幼馴染みの女性に自慰行為の介助をする

仲光さんは子どもの頃、両親のセックスを寝床で見たことがあったそうです。裸で絡み合う両親の姿を見た時、嫌悪感ではなく純粋な美しさを感じました。

母親は性に対してとてもオープンな人で、障がいのある息子に対しても丁寧に性のことを教えてくれたそうです。仲光さんは、「自分が性に対して肯定的なイメージを持っているのは、両親の影響かもしれない」と語っています。まさに「家族の性的自立無くして、本人の性的自立無し」です（⇒エピソード4を参照）。

性に対して肯定的なイメージを持つことは、自分の性だけでなく、他人の性を尊重することにもつながります。

仲光さんは、施設にいた時に、女性の友人の自慰行為を手伝った経験があるそうです。五月下旬頃のある昼下がり、施設の玄関脇にある大きな桜の木の下で、幼馴染みの女性が車いすに乗りながら、なにやらモジモジしていました。そばに近づいてみると、ジャージのズボンの上から股間に手を入れていたので、何をしているのかすぐに分かったそうです。

仲光さんは黙って自分の車いすを彼女の横につけて、その上から手を添えて撫でるようにしてあげました。

一〇分ほど経って、彼女が「ふぅー」とため息のような声にならない声を出したので、「終わったんだな」と思い、静かにその場を立ち去りました。

当時、伸光さんは別の女性と付き合っており、幼馴染みの彼女とはお互いに恋愛感情も無かったので、そのことをきっかけに二人の関係が変わるようなことはありませんでした。施設の廊下で会っても、お互いにその時のことには触れませんでした。

男性が女性の自慰行為を介助することの是非はさておき、障がいのある女性の自慰行為を「健全な生理現象」とみなすか、「汚らわしいもの」とみなすかで、取るべき対応は大きく変わってくるはずです。「汚らわしいもの」としてシャットアウトせずに、「全ての障がい者は、年齢や性別を問わず、性的な存在である」という認識を共有することは、家庭内や施設内での性暴力被害の発生を防ぐ意味でも極めて重要です（⇒エピソード6を参照）。

施設の中での恋愛とセックス

伸光さんが二九歳の時、同じ脳性まひで八歳年下の彼女ができました。

当時、伸光さんのいた施設では「男女の恋愛は好ましくないこと」とされていました。

「愛する障がい者」ではなく、周囲の人の言うことをよく聞いて、穏やかに従順に振る舞い、他人に迷惑をかけない「愛される障がい者」であることが求められていたのです（⇒エピソード5を参照）。

しかし、伸光さんは彼女と二人で人目を気にせずにデートを繰り返して、愛を確かめ合いながら楽しい日々を過ごしました。

「二人の時間をゆっくりと楽しみたい」「自由にキスやハグをしたい」という理由から、デートの際は基本的に「ボランティア（介助者）を頼まない」というルールを決めました。当時は伸光さんの方が身体の動きが良かったので、彼女のトイレも手伝うことができました。外出先に階段などがあって、どうしても二人では移動ができない場合だけ、ボランティアの介助を頼みました。

もちろんセックスもしました。場所はラブホテルもしくは普通のホテル。彼女の衣服の着脱はほとんど伸光さんがしていたので、デートの際にはスムーズに衣服を脱がせられるよう、彼女には予めフックの無いスポーツタイプのブラジャーや上げ下げのしやすいショーツを着けてもらいました。

ホテルの部屋に入ると、まずは車いすからベッドの上へ移動して、二人で服を脱ぎます。

お互いに全裸になった後は、ベッドから浴室まで四つん這いになって移動して、シャワーを浴びます。手の届かないところはお互いに洗いっこをしました。彼女の膝が痛まないように、伸光さんはホテルのタオルを全部使って床に敷き詰めて、タオルの道を作りました。彼女と付き合っていく中で、「自分のため」でなく「他人のため」に行動し、考えるという習慣（⇩エピソード3を参照）が自然に身についていきました。

彼女は処女だったので、最初の頃は彼女の痛みを少なくするために、数回に分けて挿入するなどの工夫をしました。

現在で言うところの「ポリネシアンセックス」のように、挿入した後はあまり身体を動かさずに抱き合って、彼女のオーガズムが高まったら射精をする、という具合でした。避妊については彼女の意思に任せて、避妊用具を着けずにする時もありました。

伸光さんの例を見ても、障がいのある人の性がタブー扱いされていた時代（⇩エピソード2を参照）においても、当事者は自分の意志で性にアクセスし、自分の意志で性を楽しむという主体的な存在であり続けている様子が伝わってきます。

自立生活の開始と、彼女との永遠の別れ

障がい者運動に関わっていた伸光さんは、地元に障がい者が自立生活できる場所を作るために、一人で施設を出ました。人里離れた山奥の施設ではない「ふつうの場所」で「愛する人との暮らし」を送ること（⇒エピソード3を参照）を目指していたのです。彼女には「絶対に迎えに来るから、待っていてほしい」と約束をしました。

しかし伸光さんが地域で一人暮らしを始めた直後、彼女は三一歳の若さで突然亡くなります。施設側からは「入浴中の心臓麻痺だ」と説明されたのですが、伸光さんは介護ミスの可能性を疑いました。

自分が活動に夢中にならずに、彼女と一緒に施設を出ていれば別の結果になったのかもしれない……と後悔の念に駆られました。

それから何人かの健常者の女性と付き合いましたが、価値観が違うような気がして長続きしませんでした。本気で結婚を考えたのは、同じ障がい者である彼女だけでした。「彼女のウエディングドレス姿が見たかった」と伸光さんは語ります。

その後も性風俗を利用することもありましたが、五〇歳を過ぎた頃から「女性差別の片棒を担っているのでは」と罪悪感を覚えるようになりました。そもそもお互いが後ろめた

い動機で働いたり利用したりしているので、女性との会話があまり弾まず、コミュニケーションが満足に取れないことにも虚しさを感じました。離婚や失業で生活に困窮していたり、心身に何らかの障がいを抱えている女性もいたりしたことも（⇓エピソード８を参照）、罪悪感に拍車をかけました。障がい者が障がい者を金で買うことは、果たして良いことなのだろうか？

障がいのある男性が自慰行為をする場合、自分で手が動かすことができなければ性風俗に頼るしかない。しかし自分は女性の裸を見たいわけでもなく、初めて会う女性と性行為がしたいわけでもない。性風俗ではなく、あくまで介護として障がい者の性的な欲求解消に対応してくれるサービスがあれば……と、仲光さんはずっと考えていました。

そんな中、インターネットのホームページでホワイトハンズを発見しました。はじめは「へぇ〜、こんなサービスができたんだ」程度の認識でしたが、実際に一人の利用者としてケアを受けてみて、「ひょっとして、これは自分が以前から考えていた理想のサービスなのではないだろうか」と思うようになり、運営や広報活動に協力することにしました。

受け身の利用者としてではなく、自らも運営に参加するという積極的な姿勢は、まさに「性的にアクティヴな人は、社会的にもアクティヴである」（⇓エピソード１を参照）ということを証明しています。

二面性を認めて、受け入れる

伸光さんの歩んできた軌跡を見ると、本書のプロローグで述べた通り、障がいのある人は決して「かわいそうな性的弱者」でもなければ、「性とは無縁の純粋な天使」でもないことが分かります。障がいの無い人と同じように性を感じ、悩んで、喜びながら、自分の力、そして周りの力を活かして現実に立ち向かっている、一人の等身大の人間です。そこには、「彼女のためにタオルの道を作る」といった利他的な側面もあれば、「童貞を捨てるために女性を金で買う」といった利己的な側面もあります。

障がいのある人の性を受け入れる、ということは、人間であれば誰もが持っているこうした二面性の存在を、障がいのある人に対しても認めて、受け入れるということです。障がいのある人たちは、どうしても「弱者」「天使」といった一面的な存在としてみなされがちですが、それは支援する側の都合に過ぎません。

障がいのある人を、お人形でもロボットでもない、複雑な感情と矛盾した側面を併せ持った一人の人間として向き合う。簡単なようで難しい課題ですが、これは決して一部の人にしかできないことではありません。障がいのある人に関わる家族や支援者、専門職であれば誰にでもできることであり、同時に誰もがしなければならないことです。

以下、本書のまとめとして、障がいのある人の性に向き合うために必要な原則をまとめた「生と性のバリアフリー憲章」を紹介します。

生と性のバリアフリー憲章

ホワイトハンズでは、二〇一四年四月に厚生労働省の障害福祉課に対して、障がいのある人に対する性的支援、及びその実施のために必要な介護福祉職への教育・研修の制度化を求める提言を行いました。厚生労働省の官僚の方々との議論の中で、「確かに性的な支援は必要だが、障がいのある人の性に対する現場レベルでの理解が不足しているため、制度化は難しい」という結論になりました。

そこで将来的に制度化を実現するために、まず現場の理解を深めるための土壌づくりとして、障がいのある人の性にどう向き合っていけば良いのかを示したガイドラインを作成して普及させていこう、という考えに至りました。

二〇一四年八月九日、東京・渋谷で開催された「生と性のバリアフリーフォーラム二〇一四」において、障がい当事者及び支援に関わる人や組織が一体となって、「障がいのある人の性の健康と権利を尊重する社会」を実現していくためのガイドラインとして、「生と性のバリアフリー憲章」が制定・宣言されました。

「生と性のバリアフリー憲章」は、以下の五つの原則によって構成されています。

一、障がいのある人に性があることは「当たり前のこと」です。

障がいの有無にかかわらず、性があります。あなたの目の前にいる車いすの彼や、知的障がいのある彼女も、あなたと同じように性があり、射精や月経といった生理があり、恋愛をし、セックスをし、結婚をし、子どもを産み育てる意思と能力、権利と可能性を持っています。

二、障がいのある人にとって、性は「自尊心の基盤」です。

性は、「いやらしいこと」「恥ずかしいこと」ではなく、その人がその人らしく自信を持って生きていくための自尊心の基盤になるものです。自尊心は、障がいのある人が社会の中で人間関係を築き、自信を持って生活していくために、最も必要なものです。

三、障がいのある人にとって、性は自立や就労などの「社会参加のための原動力」です。

障がいのある人にとって、友人や恋人を作りたい、結婚や出産、育児をしたいという動機が、勉強や就労、自立生活といった社会参加のための大きなモチベーションになります。社会参加の問題と性の問題は切っても切り離せません。障がいのある人の社会参加を支援するためには、本人の性と向き合うことが不可欠です。

四、障がいのある人の性の問題は、「支援者の性」の問題でもあります。

支援者の側に性に対する理解や知識が無いために、障がいのある人の性に対して「あるはずがない」と決めつけてしまったり、「厄介なこと」「考えたくもない」として見て見ぬふりをしてしまったりすることがあります。障がいのある人の性を考えることは、家族や支援者が自分自身の性としっかり向き合うための絶好の機会になります。

五、障がいのある人の性の問題は、社会の性問題を反映する「鏡」です。

私たちの社会における、性に関する教育や支援制度、サービスの不在によって生じる様々な負担や矛盾が、障がいのある人をはじめとした、社会的に弱い立場にある人に押し付けられてしまっています。障がいのある人の性の問題は、社会の性問題を映す「鏡」です。

「生と性のバリアフリー憲章」の五つの原則から見えてくるものは、障がいのある人の性の問題は、個人の問題ではなく、社会の問題であるということです。

これまでのエピソードの中で「障がいの社会モデル」という言葉で紹介した通り、ある人が障がい者であるかどうかは、その人の身体や精神の状態だけで決まるのではなく、私たちの生きている社会の在り方によって決まります。障がいのある人の性の問題も、社会の在り方によって簡単に解消されることもあれば、逆に深刻化してしまうこともあります。

「正解」の探求ではなく、「結論」の積み重ねを

社会モデルの観点から見れば、障がいのある人の性の問題として考えられているものの大半は、実は本人を取り巻く人間関係、あるいは生活環境の問題であることが多いです。

例えば、知的障がいや発達障がいの子どもの性的問題行動の背景には、ひとり親家庭の問題、家庭や学校での居場所の無さ、過度の母子密着、障がいに対する周囲の無理解・無関

心、性教育の欠如、環境変化に伴うストレスなどがあります。

こうした状況下で、本人の性的欲求や性的行動だけに焦点を当ててしまうと、かえって問題解決から遠ざかってしまいます。いったん性から目を離して、本人を取り巻く人間関係や生活環境に焦点を当てる方が、問題の理解や解決につながりやすくなります。

その意味では、障がいのある人に対する性のケアとは、本人を取り巻く人間関係や生活環境のケアだといえます。実務的な面でも、「性的問題行動をどうするか」ではなく「本人の人間関係や生活環境をどう改善していくか」というスタンスで問題化した方が、色々な人が問題解決に関わりやすくなり、結果的に公の場で性の問題を議論しやすくなる、というメリットもあります。

メディア上で「障がい者の性はタブーになっている！」といった抽象的なことを叫ぶだけでは、もはや問題は何も解決しません。今必要なことは、障がいのある人の性の問題を社会の問題として考え、性のケアをＱＯＬに関わる自尊心のケアとして理解した上で、人間関係や生活環境の視点から解決策を考えていくこと。そうすれば、大半の問題に対して解決のための切り口を見いだせるはずです。

もちろん、「これをやれば万事解決」といった分かりやすい公式、あらゆる個人や状況に応用できるような万能薬は存在しません。ホワイトハンズでは障がいのある人に対する性的支援の制度化を目標にしていますが、仮に制度や法律をつくったとしても、それだけで全ての問題がきれいさっぱり解決するわけではありません。

制度や法律に魂を吹き込み、実際に現場で問題を解決していく役割を担うのは、他でもない私たち一人ひとりです。福祉、司法、介護、医療、教育など、様々な分野の具体的な現場で、障がいのある人の性に関する尊厳の確保と自立の達成を妨げている「壁」＝制度の不備や欠陥、支援者の無理解や無関心、当事者の悩みや生きづらさを一つずつ可視化して丹念に潰していく、という地道な作業をコツコツ続けていくこと。

必要なのは「正解」の探求ではなく「結論」の積み重ねです。ありもしない一〇〇点満点の正解を追い求めるのではなく、四〇点、五〇点でも構わないので、現状を少しでも改善していけるような結論をその都度出しながら、一歩ずつ前進していくこと。

そうした実践の先にこそ、障がいの有無にかかわらず、全ての人が生涯にわたって自らの性に関する尊厳と自立を守ることができる、真の意味での「生と性のバリアフリー社会」が実現するはずです。

あとがき

台湾にも存在する？　障がい者への射精介助団体

二〇一六年一月、香港婦女基督教徒協会（Hong Kong Women Christian Council）のメンバーが香港から来日し、ホワイトハンズが都内で取材を受けました。この協会は、性の権利擁護に対する社会啓発活動を行っており、ここ数年は障がいのある人の性の権利に関する啓発活動に取り組んでいるとのこと。香港で障がいのある人の性の権利擁護と性的支援を促進していくために、台湾・日本・オランダの三カ国で、それぞれ障がいのある人の性の現状、及び性的支援を行っている団体を視察するという目的で来日されたそうです。

ホワイトハンズの活動が海外メディアで報道されると、アメリカやスペイン、イギリスなど欧米諸国の障がい当事者や研究者、ジャーナリストからメールが届くことがあります。いずれも「活動に大変感銘を受けました。私たちの国では、障がいのある人の性はタブー視されています」という内容です。

障がい者の性的支援に関しては、欧米諸国の方が日本よりも進んでいる、という印象を持っている人もいるかもしれませんが、必ずしもそうではありません。宗教的な理由で性がタブー視されていたり、仮に法律で売春が認められていても、金銭的な対価を支払って性的なサービスを提供・利用することに根強い差別や偏見があったりする場合もあります。

香港の活動団体から取材のオファーを受けて、欧米諸国以外のアジア圏における障がい者の性の現状をぜひ知りたいと思い、東京エリアのケアスタッフと一緒に取材に応じました。ちなみに香港では、ホワイトハンズは「白手套」と呼ばれているそうです。

取材の中で、台湾にも障がい者を対象にした射精介助団体があると聞きました。なんでも日本のホワイトハンズを参考にして立ち上げた（！）ということで、本家とは異なり無料でサービスを提供しているそうです。海外のウェブメディア等でも活動が取り上げられています。

同業者として非常に興味を持ったので、「その団体は、具体的にどれだけの人数のケア実績があるのですか？」と伺ってみました。ホワイトハンズは、サービス開始からの約八年間で、北海道から九州までの国内各地で累計五二〇〇回のケアを実施しています（二〇一六年一月時点）。もし台湾の団体に私たち以上の活動実績があるのであれば、ぜひその方法を学びたいと思ったからです。

しかし実態を伺ってみると、サービス開始から二年半で、利用者はわずか五名のみ（！）だそうです。台湾は売春が法律で禁止されているため、同性の男性介助者が無料でサービスを提供しており、スタッフは全員ゲイの男性だそうです。さらに一人の利用者につき三回までしか利用してはいけないという回数制限があるとのこと。

こうしたルールの是非、同性介助か異性介助かの是非はともかく、二年半で五名のみでは、事実上活動実態の無い組織と言わざるを得ません。

日本は決して「障がい者の性」後進国ではない

実は、障がいのある人の性に関する支援に関しては、日本は決して後進国ではありません。私の知る限り、ホワイトハンズと同じ活動期間・活動実績のある射精介助団体は、世界的に見ても存在しません。

一九七〇年代から四〇年以上にわたる日本での研究・実践の蓄積がある知的障がい児の性教育は、間違いなく世界水準です。「権利としてのリスク」という理念を掲げ、地域の社会資源を活用しながら精神障がいのある人の生活や就労、そして恋愛・結婚・出産・育児をサポートしてきた北海道浦河町の「べてるの家」の取り組みは、世界各地から注目を集めています。

本書で紹介した長崎の社会福祉法人南高愛隣会「ぶ～け」が取り組んでいる障がいのある人の結婚推進事業や、障がいのある性犯罪加害者の社会的包摂を目指すＮＰＯ法人PandA-Jの先駆的な取り組みも、海外に比べて遜色ないはずです。

日本の障がい者福祉全体を見ても、この数十年の制度改革や法整備によって、これまで「障がい者福祉の先進国」として紹介されてきたスウェーデンなどの北欧諸国との時差は無くなりつつあります。国の障害福祉サービス関係予算額も、平成一八年度（四八九三億円）と平成二七年度（一兆八四九億円）を比較すると、一〇年間で二倍以上に増加しています。

もちろん、部分的に比較すればまだまだ及ばない点は多数あり、市町村間のサービス格差や、当事者の声が十分に反映されていないなどの課題はありますが、少なくとも「北欧＝障がい者福祉の先進国、日本＝後進国」という一昔前の図式は完全に崩れています。

「障がい者の性」先進国の条件とは？

それでは「障がい者の性」先進国の条件とは一体何でしょうか。例えば、オランダには障がいのある人にセックスの相手を有償で派遣するSARという財団があり、いくつかの自治体ではサービスの利用に際して助成金を受けることができます。SARは、そのセンセーショナルな活動内容から、多くの国外メディアに取り上げられています。SARのような団体、そして障がいのある人が性的サービスを利用する際に助成金を出すような自治体は、少なくとも日本には存在しません。

一見すると、SARのような団体、そしてSARの利用に助成金を出す自治体があるオランダは「障がい者の性」先進国であるように思えます。しかし、SAR自体はスタッフ十数名程度の小規模な団体です。そして助成金を出している自治体は確かにありますが、受給者の数は極めて少ないのが現状です。その理由は、助成金を受けるためには「低所得」「パートナーの不在」「自力でのマスターベーションが困難」といった様々な条件を満たす必要があり、かつ自治体が批判を恐れて助成金を支給していることを公にしない傾向があるからです。

オランダに限らず、スイスやドイツでも障がいのある人に対して性介助を行う団体や個人が活動していますが、いずれも小規模であり、時折国内外のメディアに取り上げられることはあっても、社会全体の意識や福祉制度を変えるまでの活動実績や影響力は持っていません。この原稿を執筆している最中にも、チェコで障がい者のための性的介助サービスが立ち上げられたというニュースが流れましたが、こうした団体は「立ち上げた」ことだけがニュースになり、その後の具体的な活動実態や成果が報道されることは稀です。

国外メディアに取り上げられるセンセーショナルなサービスや制度がある、ということだけでは「障がい者の性」先進国とは言えません。仮にサービスや制度があっても利用者がいなかったり、台湾の例のように実態はごく少数の限られた人しか利用していなかったりする場合もあります。サービスや制度の存在は、「障がい者の性」先進国になるための必要条件であるかもしれませんが、十分条件ではありません。少なくとも私は、全ての障がい者にセックスの機会を保証する社会が素晴らしい社会だとは考えていません。

一本ずつ「釘」を打っていくこと

私の考える「障がい者の性」先進国の条件とは、「障がいのある人が人間らしく生きていく上で必要な最低限度の性の権利がきちんと保証されていること」です。これまでのエピソードでも繰り返し述べてきた通り、具体的には以下の三つの権利を指します。

一、本人の特性や発達状況に見合った適切な内容の性教育を、適切な時期に受ける権利
二、日常生活の中で、生理現象としての性（射精や月経）のケアを受ける権利
三、社会参加を通して、異性（同性）と交流する権利

障がいのある人が恋愛・セックス・結婚・出産・育児といったライフコースを送るためには、適切な時期に適切な内容の性教育を受けることが必要不可欠です。私たちが目指すべきは、「全ての障がい者にセックスの機会を保証する社会」ではなく「全ての障がい者に適切な性教育を受ける機会を保証する社会」です。

その上で、障がいのために性の健康の自己管理ができない人に対しては、射精や月経に関するケアを受ける権利を保証する必要があります。ここにおいても大切なのは、恋愛やセックスそのものを保証するのではなく、それらを行うために必要な前提となる性の健康を保つ権利を保証することです。そう、エピソード1でも述べた「性に対する合理的配慮」ですね。

適切な性教育と性の健康管理の二つが揃ってはじめて、障がいのある人が社会の中で異性（あるいは同性）のパートナーと出会い、恋愛やセックス、結婚に踏み出していくための土台を提供することができます。必要なのは上から目線の施しやお恵みではなく、当事者の自力での性的自立の達成、そして社会的自立の達成を支援することです。

障がいのある人の性教育・性的支援に関するガイドラインを政府が作成しているデンマークでも、こうした「前提支援」＝障がいのある人が交際や結婚生活のスキルを身に着けるために必要な前提条件・学習環境を整備することが目標にされています。

前提支援の活動の多くは、センセーショナルな話題性や華やかさはありません。成果が出るまでに長い時間がかかることもあります。見えづらく、評価されにくい活動を泥臭く続けるよりも、「障がい者の性はタブーになっているから」という言い訳をして問題から目をそらし続ける方がずっと楽かもしれません。

しかし、「障がい者の性」先進国をつくりあげるための最短かつ唯一のルートは、これら三つの権利を保証するための前提支援を、地域の中で地道に継続していくこと以外にありません。障がいのある人の性の問題をいくらメディアでセンセーショナルに取り上げ続けても、一過性の話題として消費されるだけで、現状は何も変わりません。

本書の各エピソードで紹介してきた通り、「障がい者の性」先進国をつくりあげるための「設計図」＝理論は、既に完成しています。そして、そのために必要な「工具や資材」＝実践のための方法や人材も揃いつつあります。

だとすれば、後はそれぞれの現場で、私たち一人ひとりが理論に基づいた実践という名の「釘」を、一本ずつコツコツと打っていくだけです。本書がその「釘」の一本になることを祈って、筆を置きたいと思います。

最後に、本書の執筆にご協力くださった方々に謝辞を述べたいと思います。孝典さん、射精介助の現場取材に協力してくださった利用者の方々とホワイトハンズのケアスタッフAさんとUさん、共同通信記者の杉原領さんと久納宏之さん、朝日新聞記者の仲村和代さん、ノンフィクション作家の渡辺一史さん、『プラス・ハンディキャップ』編集長・佐々木一成さん、南高愛隣会の理事長・田島光浩さん、松村真美さん、小西亜弥さん、「ぶ〜け」室長の納谷まさ子さんをはじめ、貴重なお話を聞かせてくださった南高愛隣会の皆様、滝乃川学園の石井亮一・筆子記念館館長の米川覚さん、南高愛隣会と滝乃川学園を案内してくださった明星大学の平井威さん、同志社大学の松本理沙さん、鈴鹿医療科学大学の土田幸子さん、日本福祉大学の木全和巳さん、里美さん、NPO法人PandA-Jの堀江まゆみさん、Deaf-LGBT-Centerの山本芙由美さん、NPO法人日本HIV陽性者ネットワーク・ジャンププラス代表理事の高久陽介さん、日本LGBT障害者・患者運動連絡会の吉田貴昭さん、新潟LGBT Love 1 peace代表の高橋佳生さん、ダブルマイノリティの取材にご協力くださった当事者の皆様、福祉開発研究センター代表理事の藤沢由知さん、厚生労働省につないでくださった衆議院議員の西村智奈美さん、風テラスの活動に協力してくださっている弁護士の浦崎寛泰さんと徳田玲亜さん、臨床心理士の鈴木晶子さん、社会福祉士の及川博文さん、店舗関係者の皆様、原伸光さん、香港婦女基督教徒協会の皆様、ゲラチェックをしてくださった貝瀬千里さん、障がい者の性に関する研修や講演に参加してくださった全国の皆様、そして執筆を支えてくれた妻と二人の息子に、この場を借りてお礼を申し上げます。

本書が生まれることになったきっかけは、ツイッターでの私のつぶやきでした。二〇一五年六月九日（火）の二二時五五分に「来年こそは、『障害者の性』の歴史と現状をまとめた新書を出したいと考えております。新書という媒体であれば、大学の講義や職場の研修でも使いやすいと思うんですよね。書かせてくださる出版社、大募集中です笑」とつぶやいたところ、わずか一二時間後の翌日一〇日（水）の午前にイースト・プレスの藁谷浩一さんからご連絡を頂き、さらに翌日の一一日（木）夕方には、藁谷さんから「編集会議で企画が通りました」とのメールを頂く、というミラクルな展開で出版が決まりました。

本書を書き終えて、障がいのある人の性については、一冊では書き切れなかった部分がたくさんあることに気づきました。身体障がいのある女性の生理・出産・育児の問題、視覚障がいや聴覚障がいのある人の性生活、高齢期を迎えた障がい者の性問題など、ホワイトハンズとしても今後掘り下げていきたいテーマはまだまだあります。

第二弾の企画ができましたらまたツイッターでつぶやきたいと思いますので、藁谷さん、今後とも何卒宜しくお願いいたします。

二〇一六年二月二三日　春寒の新潟市にて　坂爪真吾

付録：障がいのある人の性の世界を知るための必読文献リスト10

〈障がい者運動と性の関係を知る〉

①障害と文学――「しののめ」から「青い芝の会」へ（二〇一一年 荒井裕樹：現代書館）

障がい者運動の萌芽期に、性に関して当事者が綴った貴重な表現の記録を収録。

〈障がい児への性教育を学ぶ〉

②生活をゆたかにする性教育（二〇一五年 千住真理子著、伊藤修毅編：クリエイツかもがわ）

性教育には障がいのある人の生活全体を豊かにする力があることが分かる一冊。

〈性的自立と社会的自立を考える〉

③知的障害者と自立――青年期・成人期におけるライフコースのために（二〇一三年 新藤こずえ：生活書院）

知的障がいのある人が社会的、そして性的に「大人になる」ための条件を探る新しい自立論。

〈障がいのある人の恋愛と結婚を考える〉

④べてるの家の恋愛大研究（二〇一〇年 浦河べてるの家、編集協力・向谷地生良：大月書店）

精神障がいのある人の恋愛に興味のある人は必読。べてるワールドに引き込まれます。

⑤アスペルガー症候群　思春期からの性と恋愛（二〇一〇年　ジェリー・ニューポート、メアリー・ニューポート、ニキ・リンコ訳：クリエイツかもがわ）

発達障がいのある人が思春期に性・恋愛と向き合うためのヒントを豊富に掲載。

⑥アスペルガーの館（二〇一二年　村上由美：講談社）

当事者・支援者・配偶者の立場から、発達障がい者の生活・仕事・結婚を描く。

〈加害者としての障がい者の現実を知る〉

⑦累犯障害者（二〇〇九年　山本譲司：新潮文庫）

犯罪を繰り返す障がい者の実像、その背景にある福祉と社会の問題を描いたルポ。障がいのある人を加害者にも被害者にもさせない社会の在り方を考えるための基本文献。

〈性産業で働く女性障がい者の支援方法を考える〉

⑧婦人保護施設と売春・貧困・DV問題　女性支援の変遷と新たな展開（二〇一三年　須藤八千代・宮本節子編著：明石書店）

婦人保護施設の歴史と現状がよく分かる一冊。

⑨性風俗のいびつな現場（二〇一六年　坂爪真吾：ちくま新書）

妊産婦・知的障がい者・中高年の熟女など、生活に困窮した女性の集まる性風俗の現場を活写し、そこから風俗と福祉の連携の必要性を訴える。風テラス立ち上げまでの経緯を収録。

〈性的支援の海外事例を知る〉

⑩性の悩み、セックスで解決します。～900人に希望を与えた性治療士の手記～（二〇一四年 シェリル・T・コーエン・グリーン、ローナ・ガラーノ著、柿沼瑛子訳：イースト・プレス）

重度身体障がい者の性を描いた映画『セッションズ』の元になった、アメリカのサロゲートパートナー（セックス代理人）の女性の回想記。

イースト新書
066

セックスと障害者《しようがいしや》

2016年4月15日　初版第1刷発行

著者
坂爪《さかつめ》真吾《しんご》

発行人
木村健一

編集
藁谷浩一

発行所
株式会社
イースト・プレス
〒101-0051
東京都千代田区神田神保町2-4-7久月神田ビル
Tel:03-5213-4700 Fax:03-5213-4701
http://www.eastpress.co.jp

装丁
木庭貴信+角倉織音
(オクターヴ)

本文DTP
小林寛子

印刷所
中央精版印刷株式会社

ISBN978-4-7816-5066-1